U0062870

活 棋 新 评

——围棋经典手筋解析

（日）岸本左一郎　原著

胡丹蔚　解说

马如龙　审定

辽宁科学技术出版社

沈阳

图书在版编目（CIP）数据

活棋新评：围棋经典手筋解析 /（日）岸本左一郎原
著；胡丹蔚解说；马如龙审定. —沈阳：辽宁科学技术出
版社，2023.8

ISBN 978-7-5591-3036-5

Ⅰ.①活⋯ Ⅱ.①岸⋯ ②胡⋯ ③马⋯ Ⅲ.①围棋—
对局（棋类运动） Ⅳ.①G891.3

中国国家版本馆CIP数据核字（2023）第090683号

出版发行：辽宁科学技术出版社
　　　　　（地址：沈阳市和平区十一纬路25号　邮编：110003）
印 刷 者：辽宁新华印务有限公司
经 销 者：各地新华书店
幅面尺寸：170mm×240mm
印　　张：16.75
字　　数：200千字
印　　数：1～4000
出版时间：2023年8月第1版
印刷时间：2023年8月第1次印刷
责任编辑：于天文
封面设计：潘国文
责任校对：栗　勇

书　　号：ISBN 978-7-5591-3036-5
定　　价：68.00元

联系电话：024-23284740
邮购热线：024-23284502
E-mail:mozi4888@126.com
http://www.lnkj.com.cn

前　言

　　《活棋新评》是出版于1848年的手筋教科书。所谓活，并不是指局部的死与活，而是指局部的战术组合，也就是通常所说的手筋攻防。

　　原书作者岸本左一郎为日本江户时代的职业六段棋手，在普及和培养后辈棋手方面做出了很大贡献。全书共有130道题目，难度有低有高，内容非常丰富。

　　本次解说版，将原书题目分为攻之篇45题、守之篇45题和攻守篇40题。请读者朋友们反复阅读，多加体会，定能从中品味手筋的妙味，有助于实战能力的提高。

　　本书在编写过程中，得到了马如龙职业三段的大力支持，在此表示感谢！

胡丹蔚

2022年12月

目　录

攻 之 篇

第 1 题

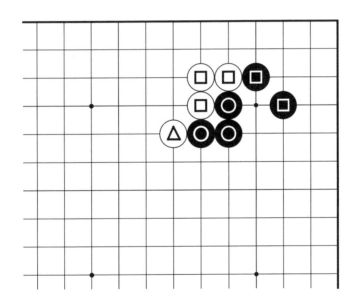

问题图（见真章）

白△子扳起，自认为白⊙子三角不逊色于黑●子三角。黑却有不同见解，我有黑▣两子虎形作为后盾，你有吗？

双方见解不同，只有在战场上见真章！

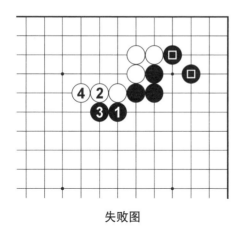

失败图

失败图（茫然失措）

黑1扳、黑3压，扩张了黑右上势力，黑有所得；而白2、4连续行于五路，生根加得空，白更有所得。

黑◼两子茫然失措，我的人生价值在哪里？

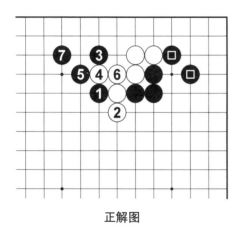

正解图

正解图（相对论）

黑1夹是打破常规的一手，乍看被白2挺出，己方已成裂形。但黑3跳下是连贯的手段，依托黑◼两子，对白展开整体进攻。

我难敌更难，这就是围棋中的相对论。

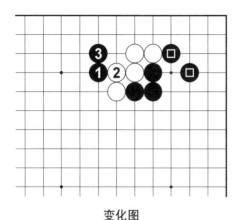

变化图

变化图（露骨）

上图中如黑征子有利，黑3径直断在6位更加干脆。

若左边黑配置有利，黑1如本图刺也相当有力，待白2粘成愚形，黑3下立，展开露骨的攻击。

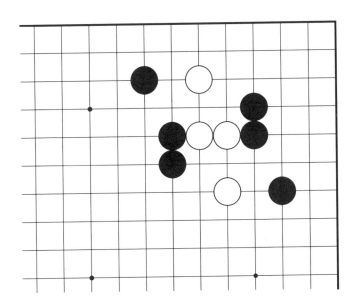

问题图（围棋美学）

黑白棋形错落有致，煞是有趣。黑两边是直二加上下飞，白中间是横二加上下跳，互为对称。

黑先，请展示围棋美学，进行愉快的攻击。

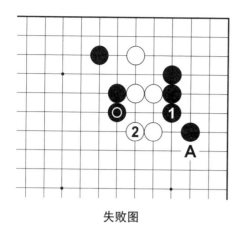

失败图

失败图（窥双关）

黑1长，破坏了自身的左右对称先不论，单说被白2双后，黑1和黑⊙子成为窥双关的恶形。

因白随时有A位靠的整形手段，黑攻击已无以为继。

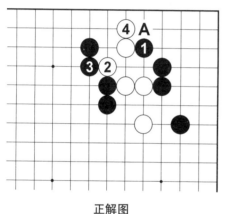

正解图

正解图（右边）

黑1先从右边角上尖顶，白2虎凑黑小飞成硬头，大损。

白4还得立后手分断，A位扳打实在下不出手。

黑两边得利，但白的噩梦还未结束，接着——

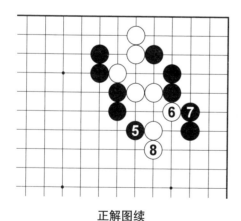

正解图续

正解图续（左边）

黑5再从左边中间尖顶，白6被迫再下损棋，白8还得长出头。

黑又是两边得利，同时继续保持对白的攻势，心情非常愉快。

黑心情愉快了，白还会愉快吗？

第 3 题

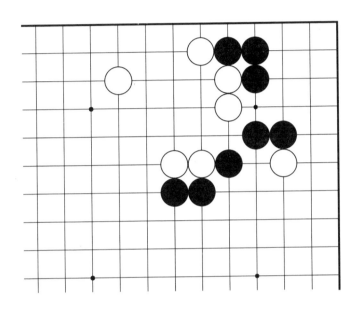

问题图（歧路亡羊）

白形零落不堪，黑之进攻，反有歧路亡羊之祸。

黑先，请按内心的感觉，下出顺其自然的一手。

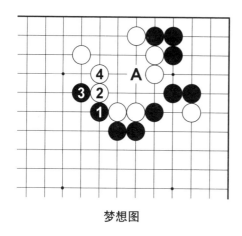

梦想图

梦想图（怎一个愁字了得）

紧气二子头看都不看就扳，黑1断然出手毫无问题。

白2反扳大有问题，凑黑3连扳不说，辛辛苦苦围出的空，以后还会遭到黑A的袭击而所剩无几，怎一个愁字了得！

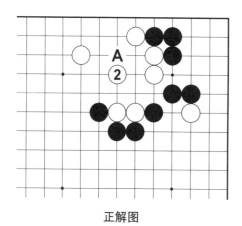

正解图

正解图（补棋当争一着净）

白2补方是本手，符合补棋当争一着净的棋道。

黑1如直接点方，就怕白A虎顶补出好形，黑反而没有后续手段。

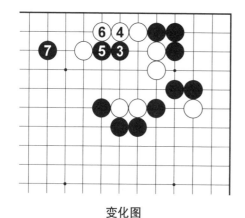

变化图

变化图（难以自拔）

白2若脱先，黑下一手并不拘泥于点方的普通感觉，而是更严厉的黑3刺。

至黑7夹攻，白整体滞重，恐难以自拔。

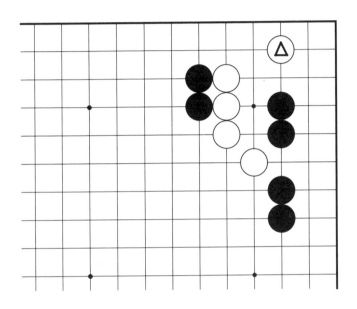

问题图（创造条件）

白△子二路飞急于生根，并不是好棋，反倒为黑发动攻势创造了条件。黑先，请勿让白之好意付之东流。

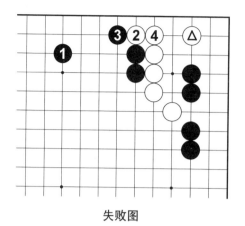

失败图

失败图（尴尬）

黑1拆三在边上生根，作为对白△子生根的反应，进取心不够。

白2、4二路扳粘为双方根据地要点，刻不容缓。如此白彻底安定，倒是黑外围断点不补不安心，再补不甘心，反落个尴尬。

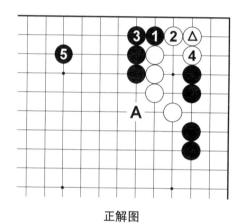

正解图

正解图（恰到好处）

黑1、3二路扳粘时机恰到好处，逆袭白△子，促使白形崩。

待白4愚形曲补，黑5再拆三，才是好次序，并留有A位跳攻的好点。

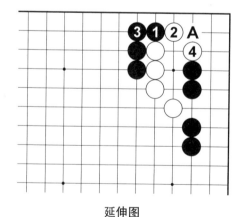

延伸图

延伸图（敌不动，我不动）

如果白没在A位飞，黑1、3二路扳粘倒是不方便出手，否则正好凑白4成虎的好形。

通过对比，就可以理解，为何说上图二路扳粘正是时机。即所谓敌不动我不动，敌一动我即动。

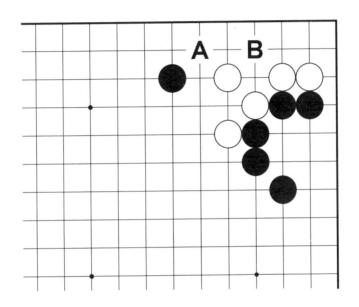

问题图（中庸之道）

白角虽有薄味，黑急切之间却难以下手。黑A尖则白挡住，黑过于保守；黑B位点则白挡断，黑过于激进。

黑先，请找到一个平衡点，以中庸之道的处世哲学来解决问题。

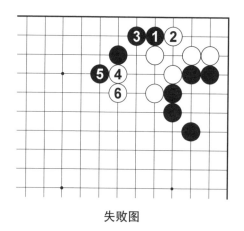

失败图

失败图（怅然若失）

黑1托的妙手，就是介于保守和激进之间的平衡点，分寸恰当。

白2内扳也符合中庸之道，由此诱发了黑3退的失着。白4靠是局部整形的好棋，白即刻安定，令黑怅然若失。

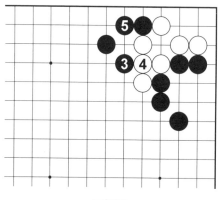

正解图

正解图（负担）

过于含蓄反为不美，黑3先手刺不需要保留，也不能够保留。

化解了上图白靠的手段，黑5再退才是次序。如此白局部不活，将成为全局作战的负担，黑总是有利可图。

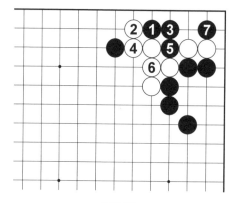

变化图

变化图（心痛的感觉）

黑1托时，白2外扳反击，心情可以理解，但行至黑7，白角转眼成黑角。

若非白外势有良好的配合，被黑如此捞上一票，白如何能平息这种心痛的感觉呢？

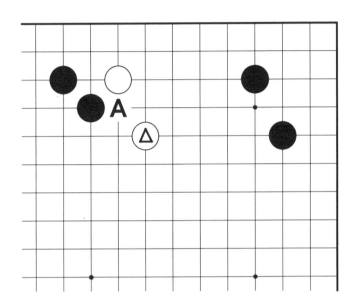

问题图（飘逸）

黑小目无忧角加拆边的配置，白边上打入后形成本图。

白△子飞出飘逸，出头速度快，强于A位贴出，不惧冲断。

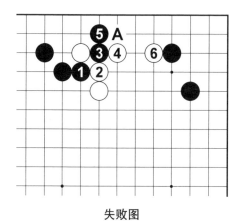

失败图

失败图（卖个破绽）

白飞出是卖个破绽给黑，出价可不低。黑1、3还真去冲断，上当！

白6就算下A位先手挡，黑也不见得便宜，如图靠则表演了典型的腾挪手筋，白已左右为难。

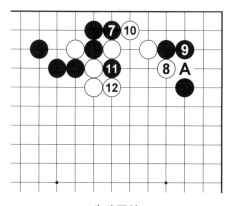

失败图续

失败图续（凑白整形）

黑7拐最强，希望破坏白形。但至白12滚打，黑攻势被轻松化解。

如此，黑整串下法等于凑白整形，自身还留有被白A位冲的毛病。

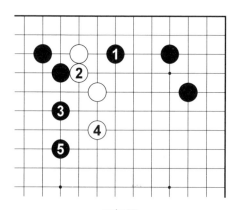

正解图

正解图（整体进攻）

黑1拆逼是本手，着眼于整体进攻。白2贴，黑3顺势跳。

白4、黑5竞相向中腹出头，都是紧要之着，这是双方正常的进行。

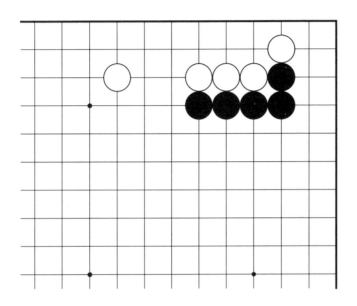

问题图（分而治之）

　　黑白各五子对峙之形，黑形严整厚实，而白形松散薄弱，以拆二之形似连非连。

　　黑先，可严厉追击白之薄形，将其分而治之。

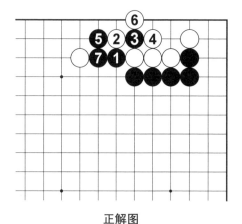

正解图

正解图（难以兼顾）

黑1扳、黑3断是连贯的手段，白难以兼顾角边。白4护角，那么至黑7接，白边上一子被断下。

白6如于7位卡打，以下形成黑轻白重的劫争，黑没有理由惧怕。

变化图　　⑧＝Ⓐ

变化图（转向）

白4改于四路断打，可以解决边上问题，但黑5断打，转向角上目标。

至黑9止，黑获得角地，而白边还需拆一手才能安定，黑亦无不满。

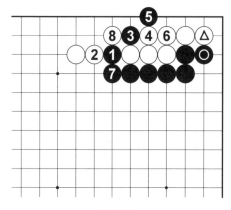

延伸图

延伸图（撑住）

假设角端增加了白△子和黑◉子的交换，白形虽薄，却正好可以撑住。

黑1扳企图故伎重演，白2顶就是支撑点，黑3以下折腾一番，还是无功而返。

第 8 题

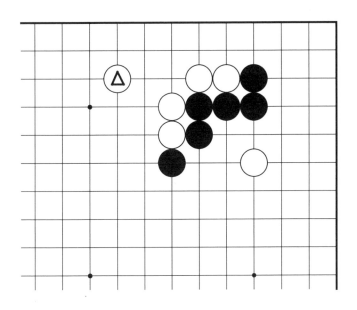

问题图（敲打）

白边上两个紧气二子头，其三路断点被白△子飞补暂时撑住。

黑先，有小巧手段可敲打白，占点小便宜也不错。

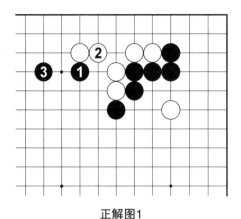

正解图1

正解图1（心态平稳）

黑1靠，本意是借白薄味，欺负对方。白2退，心态平稳，该补就补。

黑3跳，满足于压扁白阵，本来就没有更厉害的手段。

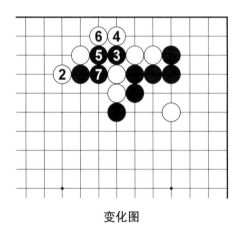

变化图

变化图（心态浮躁）

白2外扳，心态浮躁，容不得半点委屈。黑3断是瞄着的手段，更大的委屈等着白来扛。

以下白大致是从边上渡回，至黑7接，白两子已不能再逃。

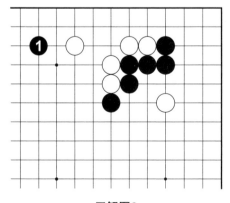

正解图2

正解图2（驱赶）

根据全局配置，黑1从边上拆逼，是平淡中见功力的一手。

白没有合适的手段就地做活，黑可通过驱赶其出头，顺调吞吃右边白一子。

第 9 题

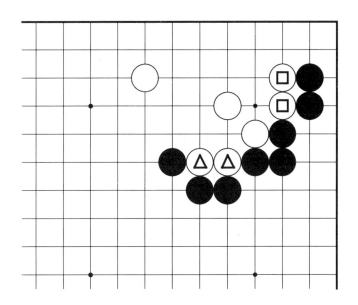

问题图（过于刺眼）

白△和白回两个紧气二子头，实在过于刺眼。

细究之下，黑居然有两种方法可充分得利。

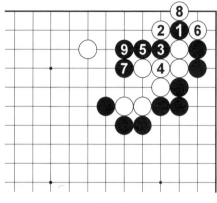

梦想图

梦想图（深入不够）

黑1扳、3断，直接追究白形毛病。至黑9接，黑在白空里转了一圈，班师回朝，而给白留下一地鸡毛。

不过，白2如退呢，黑1则嫌深入不够。

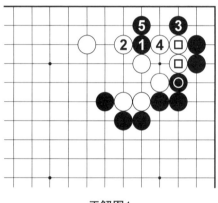

正解图1

正解图1（靠方）

黑1靠深入不毛，是一针见血的破空手段。黑5得以拉回，得益于白◻紧气二子头。

请注意黑1和黑◉子成象步飞，故黑1可名曰靠方。

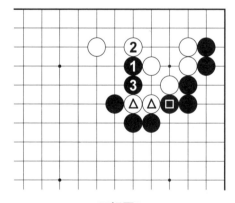

正解图2

正解图2（加厚）

黑1和黑◉子成象步飞，同样是靠方，这次针对的是白△紧气二子头。

就破空而言不如上图，但能擒获白外围两子，加厚自身，黑收获也不小。

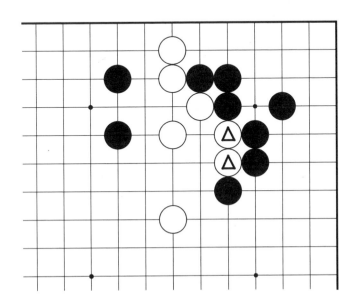

问题图（更上一层楼）

黑先，有了上题的学习，再看到白△紧气二子头，那么对解答本题已经有了基本思路。

如能对手筋的运用更上一层楼，白边上数子可擒。

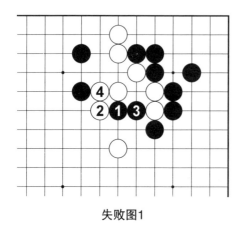

失败图1

失败图1（大部队）

黑1靠即所谓靠方，但对白2扳，黑3居然去叫吃白两子，谈何更上一层楼？

白4赶紧接上，大部队突围。

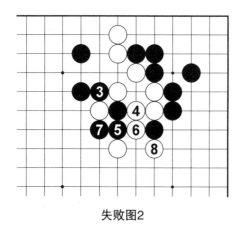

失败图2

失败图2（鸣锣开道）

黑3断也不行，白4以下连续叫吃，就像古代大官出巡鸣锣开道，威风凛凛。

至白8，被白出头不说，黑倒成了裂形，优劣已不言自明。

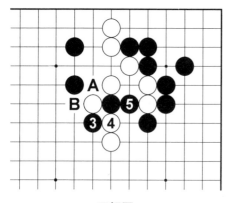

正解图

正解图（登高望远梦飞扬）

黑3扳才是更上一层楼，紧拽着白主力部队不放。对白4叫吃，黑5长出毫无问题。

以下白无法兼顾A、B两点，黑实现了登高望远梦飞扬。

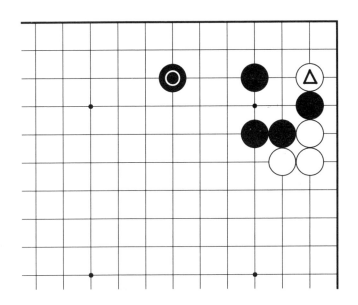

问题图（近视眼）

白△子二路夹入，是破黑角的常见手段，但忽视了不常见的狭拆黑◎子。

围棋中非常注重配置之说，连这么近的外围子都视而不见，只能称为近视眼。

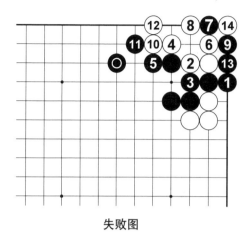

失败图

失败图（自相矛盾）

黑1立强硬，黑5退软弱，自相矛盾的组合。

黑7托是劫杀妙手，那是老师教过了；而黑5该如何下，老师没教过就不会了，没看到黑◉子已关上大门，缺乏打破常规的思路。

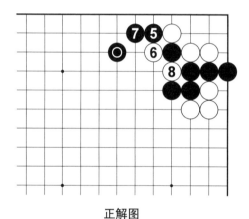

正解图

正解图（呼应）

黑5扳强硬，是和第一手立下相呼应的手段。白6断打，黑7轻轻一退，就让白8提子又何妨？

黑◉子的作用，已经慢慢显现。

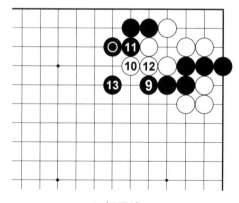

正解图续

正解图续（大门）

黑9长不紧不慢，白10尖出，还不死心。黑11先挤，黑13再枷，是最佳定型手段。

黑◉子再次登场，请深刻体会何为大门。

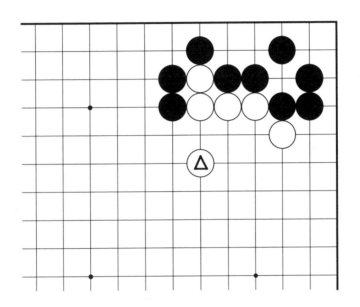

问题图（不正）

白△子跳本意是快速出头，但步子扯得有点大。

黑先，可追究其形状不正。

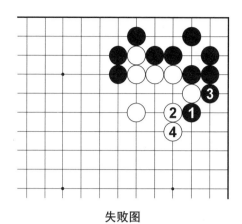

失败图

失败图（躲闪）

黑1夹，攻击白紧贴黑角之子，子力价值判断出了问题。

因该子很轻，白2、4可以躲闪，被白成形，黑扑空。

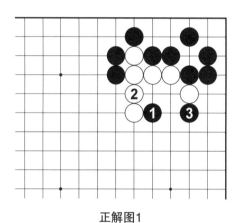

正解图1

正解图1（三子正中）

三子正中是有名的急所，黑1靠不可错过。

等白2接上，黑3再下夹，白无法如上图成形，黑可坐收攻击之利。

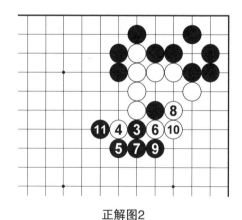

正解图2

正解图2（强制定型）

如果觉得放出来攻击并无收益，黑3、5连扳不由分说，强制定型。

以下一直线进行至黑11打，黑完成封锁，形成左边模样。

第 13 题

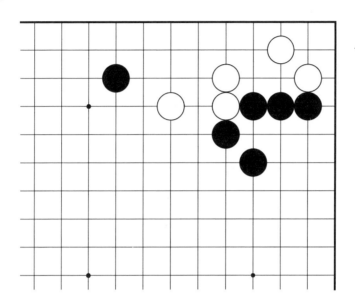

问题图（近乡情怯）

白形之缺陷一望可知，黑却颇有近乡情怯之感，唯恐中了白的空城计。

诸葛一生唯谨慎，看来黑方是孔明先生的粉丝。

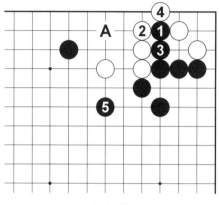

梦想图

梦想图（退缩）

黑1跨马上动手，白2夹退缩正合黑意，白眼位被黑先手破坏。

黑5镇，或者索性下A位飞搜根，黑都可以满意。

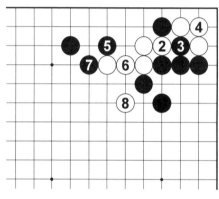

失败图

失败图（简明有效）

上图白是想多了，应于2位冲确保根据地，简明有效。

黑5托虽是要点，但至白8跳出，黑收获并不大。

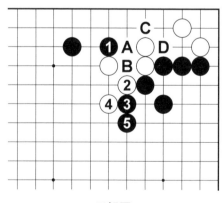

正解图

正解图（按兵不动）

保留跨的手段，黑1单托含蓄，就给白2虎的好形，黑3、5顺势扩张右边。

左边暂时按兵不动，伺机按黑A、白B、黑C、白D进行。

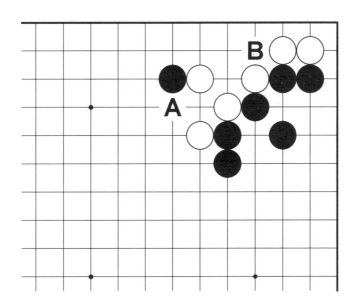

问题图（按捺冲动）

黑A长和B打均为先手，且都能使白成为愚形，却无实际效果。

黑先，请按捺住内心的冲动，下出使白真正为之心痛的手段。

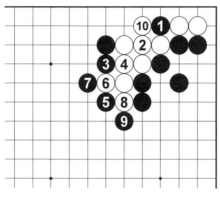

失败图

失败图（徒有其表）

黑1、3次序有微妙的区别，如图进行白基本上没有打劫的变化，但最终要落实到黑5枷。

白6、8两冲次序随意，白10补后，黑之包围圈犹如荷叶包青蟹，徒有其表。

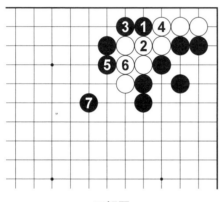

正解图

正解图（保留）

保留两处先手，黑1单点是手筋，白毫无抵抗余地，只得于2位粘。

黑3、5先手利用后，黑7飞攻，着着不离后脑勺。

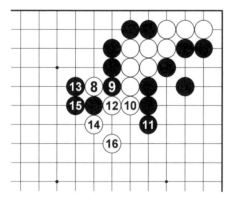

正解图续

正解图续（苦肉计）

为顺利出头，白8跨使出苦肉计，黑9以下照单全收。

至白16虎，虽说出头顺畅，但黑顺势在两边走厚，攻击效果非常明显。

第 15 题

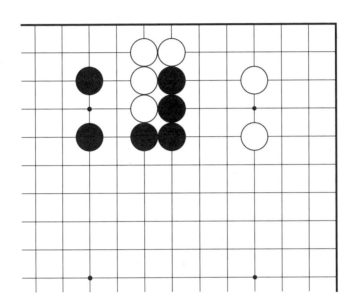

问题图（忐忑不安）

黑先，白边角靠大飞勉强保持联络，薄味一望可知。

咫尺还是天涯，白忐忑不安中，就等着黑来宣判。

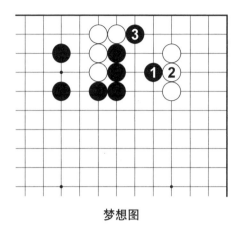

梦想图

梦想图（第六纵队）

黑1先手点，再于3位一跃而下，白被分断。

黑之成功归功于第六纵队白2，实在太听话了，说是内奸，恐怕无人反对。

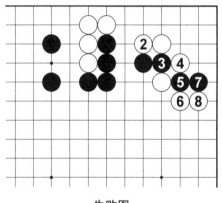

失败图

失败图（无可奈何）

白2贴是当然的反击，黑3不冲也无棋可下。

至白8挡，黑只是有棋的感觉，急切之间对白无可奈何。

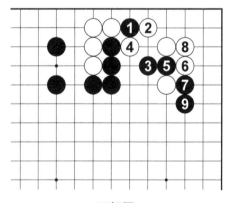

正解图

正解图（扛不住）

黑1先扳是次序，待白2夹定型，再祭出黑3点的杀着。白4无论上打还是下打，都扛不住黑5、7冲断。

至黑9退，白边角联络的代价是，外围一子孤立无援。

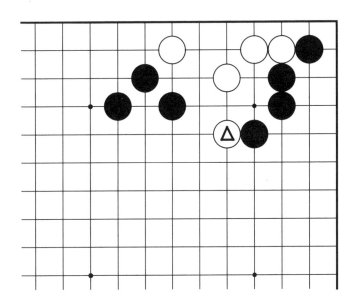

问题图（一揽子）

白△子靠，与其理解为仓促出手，不如认为是前途未卜时的试应手。

黑先，请将白边上的死活问题一并考虑在内，制订一揽子解决方案。

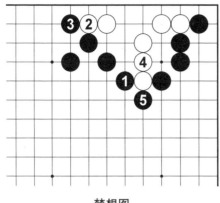

梦想图

梦想图（断送活路）

黑1夹本是妥协的态度，因白靠出先损，故满足于先手封锁。不曾想白4就简单接上，从而断送了自己的活路。

请看仔细，白边上居然无法成活。

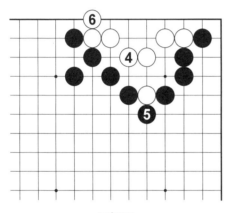

正解图

正解图（到位）

白4并对先手利用的理解到位，黑5挡打是连贯的思路。

白6立做活，手法上乘，对黑边空影响大，不惟官子，更因厚薄。

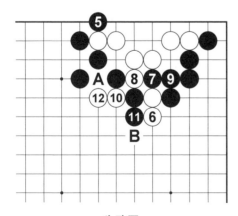

失败图

失败图（混乱）

黑5扳企图杀棋，思路混乱，和第一手自相矛盾。

被白6挺出，黑7挖已是箭在弦上，不得不发，至白12长，黑无法兼顾A、B两点，白溃围而出。

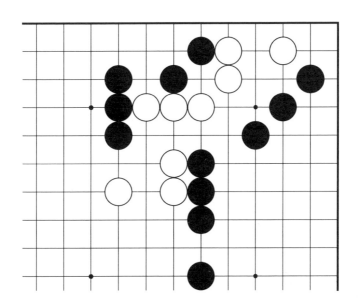

问题图（斗智斗勇）

平淡的局面，最是考察棋力。

黑先，双方围绕棋形和步调，展开斗智斗勇。

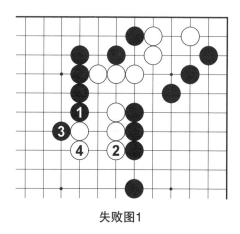

失败图1

失败图1（缓）

黑1顶缓而有力，盯着破坏白形。

黑3扳缓而无力，凑白4长成形。

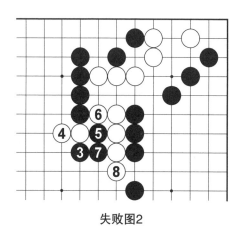

失败图2

失败图2（挺拔）

黑3夹是连贯的手段，白4不长不成棋。

黑5挖再次失误，被白8长到，白形状挺拔，黑不利。

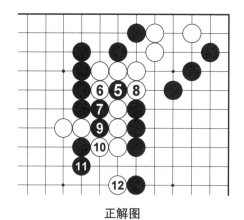

正解图

正解图（步调）

黑5挖求步调，白6叫吃，黑7、9顺势而行，流畅。

白10断同理，待黑11长，白12顺势靠出，战斗继续中。

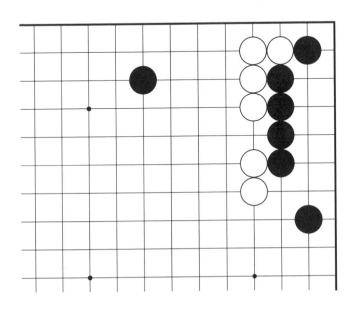

问题图（服气）

白六子只是因为在外面，就敢号称外势，黑是一万个不服气。

黑先，不服气可以，但你得拿出招来，才能让白服气。

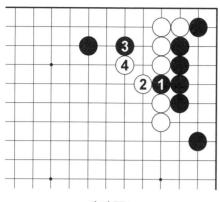

失败图1

失败图1（号称）

黑1冲破坏白形，一冲两断点，不需要保留。

接下来黑3号称点方，却正好凑白4成虎的好形，让号称外势的白真成了外势。

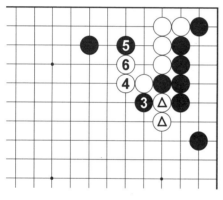

失败图2

失败图2（真点方）

黑3先断，多了白4长，黑5再点，这次倒是真点方，因为白6是愚形曲虎。

但白整体出头较畅，至于白△两子可弃可取，黑还是不满。

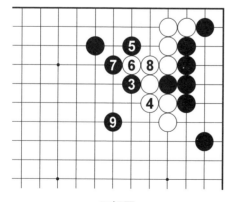

正解图

正解图（回顾）

对白断点可断而不断，黑3夹是破坏白形的好手，至黑9飞，保持对白整体的攻势，黑足矣。

请回顾第1题，不也是这种思路吗？

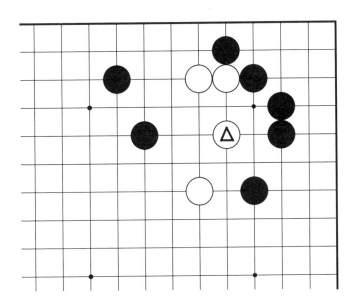

问题图〔腹部〕

    中间的白△子，对上下白起着承前启后的作用，也是整个白形最柔软的地方，就像人的腹部。

    如能体会到这点，黑第一手应不难弈出。

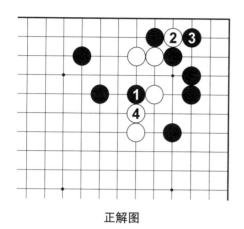

正解图

正解图（俗手）

黑1碰，一拳打在对方腹部，盯着白两个断点，和上一题中黑3夹类似。

白2先手应付一下，白4顶，静待黑继续出招。

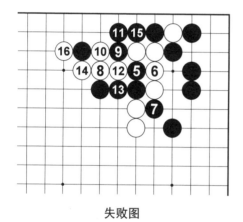

失败图

失败图（丢掉包袱）

黑5、7顶断看似严厉，但这种一根筋的下法，白不难躲闪。

白8靠单求转换，至白16止，白丢掉包袱，轻装上阵，黑失分。

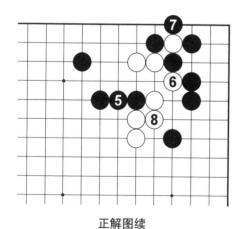

正解图续

正解图续（坐收渔利）

黑5单接冷静，反过来静待白出招。白6被迫下出损着争先，更难堪的是白8只能如此愚形粘。

黑下一手无论是中间跳，还是边上拆，均可借攻击坐收渔利。

第 20 题

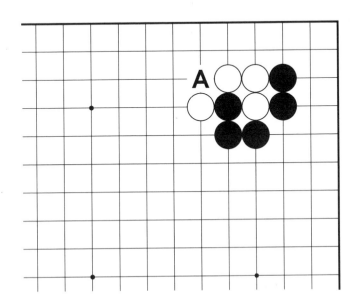

问题图（矛尖盾利）

　　别想太多，黑第一手就是A位断。

　　围棋技术中，攻击的矛尖固然重要，防守之盾利也是必不可少的，请在本题中体会白防守之坚韧。

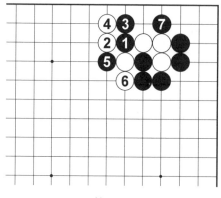

梦想图

梦想图（不解风情）

黑1断干脆利落，白2、4想弃子，无奈黑5不解风情，先把白打重，再回头黑7补上。

白下步多半只能单在边上拆，至于中间两子只能放任自流。

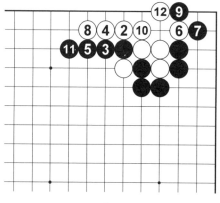

正解图

正解图（碰撞）

把本题作为局部攻防训练，白2以下一心一意求活。过程中白6扳，以防黑在同处先手立。

对黑9一路打，白10粘针锋相对，成劫是双方最强手互相碰撞的结果。

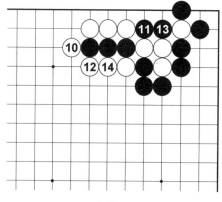

变化图

变化图（洒脱）

白10扳起洒脱，当黑11断打以为得计之时，白12、14能打到两下，弃子思路已跃然盘上。

同样，上图中白6故作不知，单于8位爬亦可。

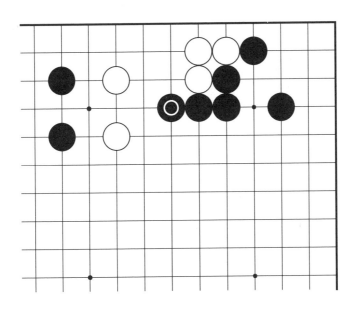

问题图（利剑）

　　白以拆二加小跳的步伐出头，效率高的反面就是棋形薄。而黑⊙子如同一把利剑，令白联络之薄味显露无遗。

　　黑先，已经到了收获季节。

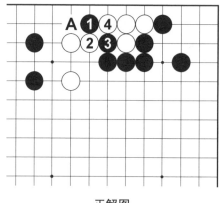

正解图

正解图（弃子战术）

黑1飞下势在必然，白2冲后，黑先手在A位爬回也是一种下法。

如图黑3冲断采用弃子战术，接下来黑有两种幅度的动作，请比较其效果。

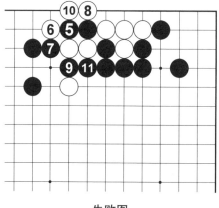

失败图

失败图（损目）

黑5爬弃子大动作，至黑11止，虽然达成完美封锁，但嫌目数损失太大。

白完全活干净，而边上漏风更令黑不满。

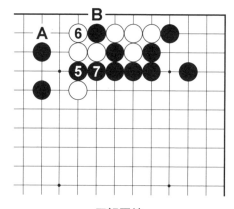

正解图续

正解图续（不损目）

黑5单挖小动作，至黑7接定型，不损目而完成封锁。

以后A位立是先手，根据情况，甚至有直接下B位立的强手。

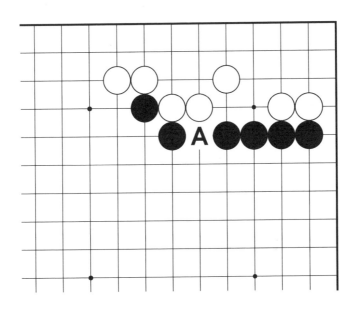

问题图（单调，生动）

黑外势有A位的缺口，单粘则有单调之感。

黑先，以白角缺陷为切入点，有生动的补法，令人眼花缭乱。

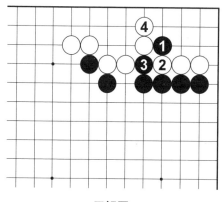

正解图

正解图（顺调）

黑1、3跨断是定型的好手，以求顺调补棋。

白4立企图撑住，兼补两边，黑岂能让其如愿。

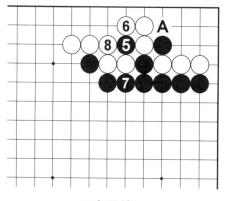

正解图续1

正解图续1（奖励）

黑5断好次序，说是试应手，但为防止黑A挡的先手，白6别无选择。

黑7先手叫吃，因完成问题图中的任务，还有机会获得系统奖励。

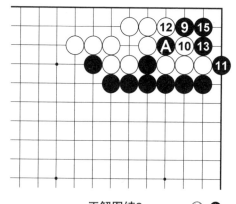

正解图续2　　⑭=Ⓐ

正解图续2（心情）

黑9以下的手段就是奖励，金额18目，虽说可暂时保留，但就算黑马上兑现，也无可指责。

回头看正解图，白2冲指不定还不如下二路扳。

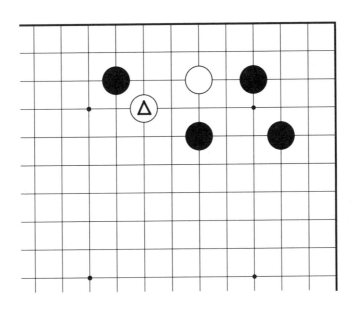

问题图（破坏，延缓）

白△子小飞逸出，是实战中常见的出头手段。

出头已无法阻挡，但黑先有办法破坏其形状，延缓其速度。

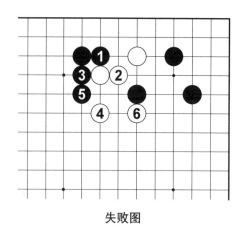

失败图

失败图（送一程）

黑1爬、黑3拐次序错误，白走到4位跳和6位搭，形状漂亮，出头顺畅。

黑这样太厚道，非但不延缓、不破坏，还把白扶上马、送一程。

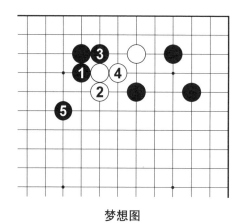

梦想图

梦想图（积极配合）

黑1先贴次序正确，有感于黑上图之厚道，白2长积极配合。

黑3再拐，白4只能愚形曲保持联络，形状已经崩溃。

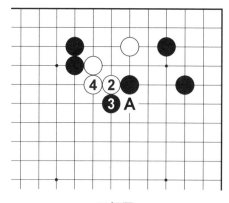

正解图

正解图（摆脱窘境）

白2尖顶是摆脱窘境的最强抵抗，待黑3扳，白4团是组合手筋。

同样是愚形，白三角方向朝外，并窥伺黑A位断点，伺机反扑。

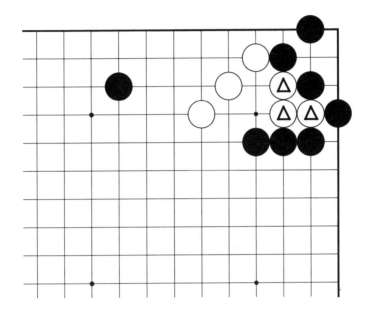

问题图（扑入眼帘）

　　黑先，扑入眼帘的首先是白△三子紧气之形，不做点文章似乎对不起自己。

　　请记住，不考虑敌人反应的作战方案，只能停留在参谋室；没有换位思考的围棋构思，同样是没有价值的。

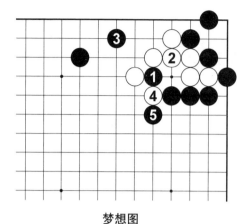

梦想图

梦想图（保持攻势）

黑1装倒扑，是局部形之要点，白2粘恋子，黑3飞攻接踵而至。

白4此时叫吃已走不到，黑5反打好，保持对白的攻势。

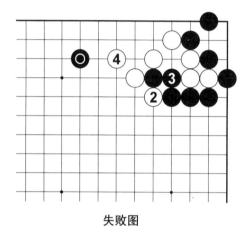

失败图

失败图（看轻）

白2直接叫吃，好判断，看轻白三子而把棋走到外面。

白4虎成形后，反倒是黑◎子感到有些不安。

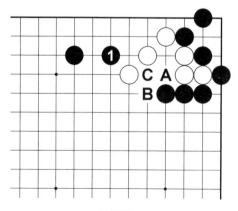

正解图

正解图（摆眼）

黑1拆逼，返璞归真之着，整体进攻的思路甚佳。

别担心白用白A、黑B、白C的次序做眼，那说明白已是穷途末路，被迫摆眼，黑离胜利不远矣。

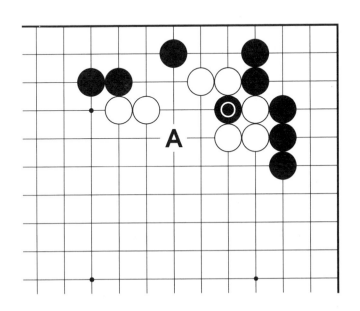

问题图（弹性）

黑先，被吃住的黑●子，是发动攻击的线索，黑第一步下A位点，众目一致。

白之防守，务必要有弹性，一味防守只会让黑得意。

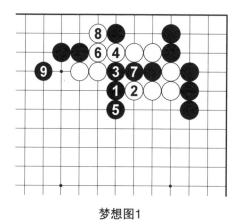

梦想图1

梦想图1（誓不罢休）

白2顶是想确保一只真眼，黑3先冲、黑5再长，最强手。

黑7先拿下右边白四子，待白8拐下，黑9尖誓不罢休，白困窘中。

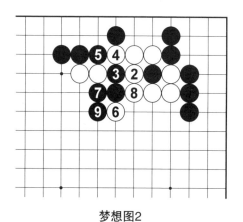

梦想图2

梦想图2（单方面）

白2单提，不给黑棋更多的利用，并对黑3、5的冲断，准备好了6位顶的弃子手段。

但行至黑9拐，白单方面被攻的局面还是没能改变。

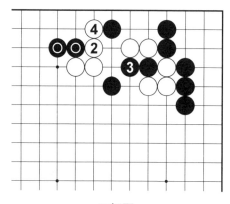

正解图

正解图（开阔）

白2先冲是最佳次序，以攻为守，黑3、白4已势如骑虎。

能把左边黑⊙两子卷入战火，白的活动余地就能大大增加，局面也顿时开阔。

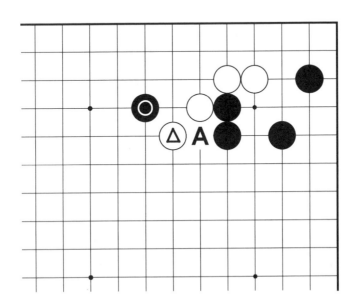

问题图（太柔软）

黑先，黑⊙子夹是攻击要点，白△子尖的出头方式太柔软，应于A位硬压出头。

虽有成语以柔克刚，不分场合乱用也是不行的。

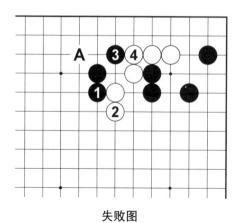

失败图

失败图（余地，逆袭）

黑1紧贴无可厚非，白2唯有长，紧接着的黑3点刺，和白4接交换出错。

就进攻而言，白以后有二路扳做眼的余地；就防守来说，黑边上有被白在A位点的逆袭手段。

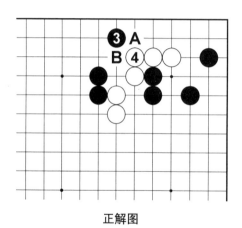

正解图

正解图（肉眼可见）

黑3于二路飞点好棋，白4接本手，如下A位尖顶，则凑黑B位先手长。

和上图比较，无论是进攻还是防守，黑3位置的优越性肉眼可见。

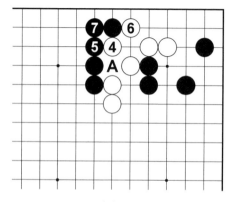

变化图

变化图（没理由）

白4、6尖了扳，是想确保一只真眼，黑5、7逆来顺受，脾气相当好。

想想白把黑撞厚不说，还得纠结于如何防黑A位挤打，黑脾气没理由不好。

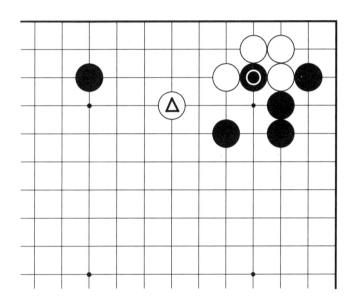

问题图（趾高气扬）

因黑⊙子被叫吃，白△子飞起趾高气扬。

黑先，对白下盘不稳，黑如无有力的冲击手段，反要被白嘲笑。

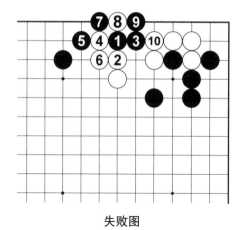

失败图

失败图（人困马乏）

黑1飞搜根，稍显急躁。白2顶紧凑，黑3有不得不长的理由。

但被白4扳下，黑5只能夹渡，如此薄形黑已人困马乏，再也无力发动攻势。

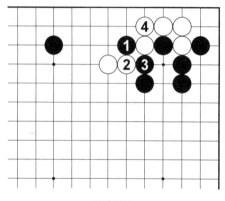

正解图

正解图（还在后头）

黑1、3跨断，是局部定型的好手。白4只能接上，而不能提子，稍感郁闷。

此时白只想着黑1无法逃出，所以还没意识到，更郁闷的还在后头。

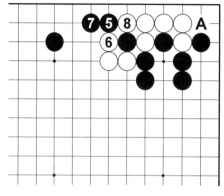

正解图续

正解图续（情何以堪）

黑5二路小尖，似逃非逃，白是真郁闷了。

如图白6叫吃，白后手吃了个假眼，黑很有心情马上下A位爬进攻；白6若于7位靠，虽可先手吃通，但送黑开花，情何以堪？

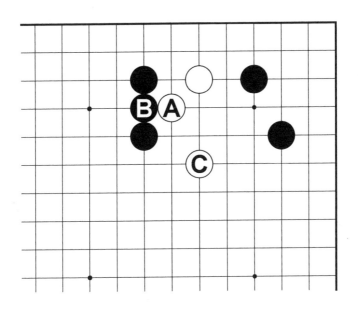

问题图（鉴定）

前面几手是白A黑B白C的次序，白企图快速出头，下法别出心裁。

白A刺究竟是好还是坏，就让黑来做个鉴定。

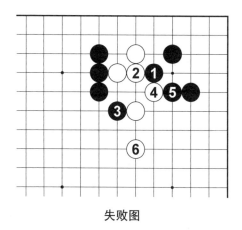

失败图

失败图（苦尽甘来）

黑1刺白小尖腰眼处，使白2团成愚形，黑3尖顶也是棋形要点。

但白4虎补，黑5也得补棋。白苦尽甘来，得以于6位跳，大步出头。

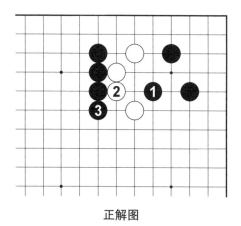

正解图

正解图（疏密得当）

黑1点位置恰当，不惟攻击，更因和黑无忧角两子疏密得当。

白2只有贴，黑3顺势一长，出头在前，攻势不减。

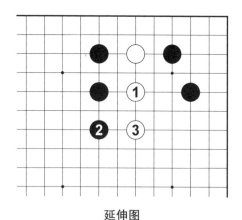

延伸图

延伸图（本手）

由此可见，问题图中白A刺弄巧成拙，暴露了俗手的真面目。

入腹争正面，平凡的白1、3连跳，方为本手。

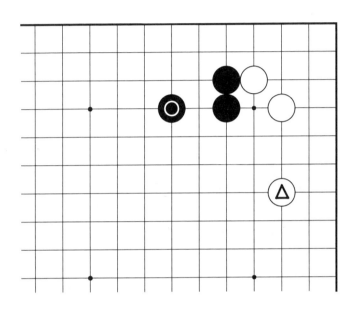

问题图（不给面子）

白△子按定式应该拆一或者尖起，如图拆二就算有千万种理由，也改变不了薄形的本质。黑⊙子尤为愤愤不平，我都拆得这么近，你还敢拆二？

黑先，白这么不给面子，岂能无动于衷？

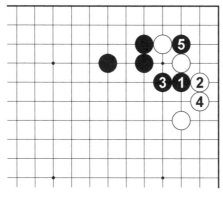

正解图

正解图（画风突变）

黑1靠、黑3退，平淡不见火花。黑5挤画风突变，用最激烈的手段，要求和白分享角部。

白4如于角上补，则边上形薄，和当初拆二本意自相矛盾。

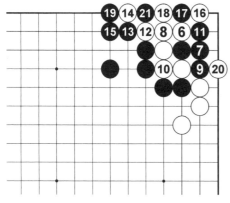

正解图续

正解图续（黑轻松）

白6以下竭力抵抗，黑见招拆招。白做两扳长一气的意图，被黑以打劫化解，还是黑先手劫。

若非白劫材非常有利，此劫总是黑轻松。

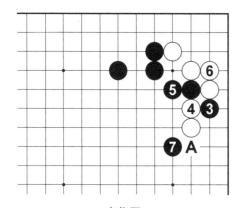

变化图

变化图（外围）

注重外围时，黑3也有连扳的变化，黑7大跳罩扩张中央，白出头不易。

如右边更为紧要，黑7可改于A位碰，借劲行棋。

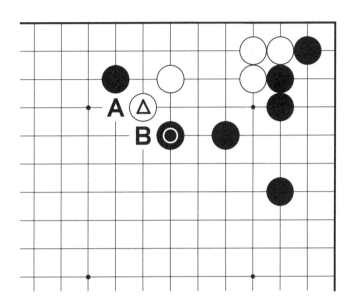

问题图（难以出手）

黑◎子镇头，借驱赶白以获利，白△子尖出头。

黑下一步，首先排除A、B两压，成裂形总是难以出手。

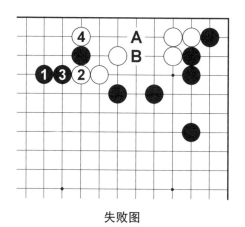

失败图

失败图（无力）

黑1飞起无力，白2、4急速出手，就地生根。

黑1如于A位下点，白B位上压即可，黑无法拉回，请自行验证。

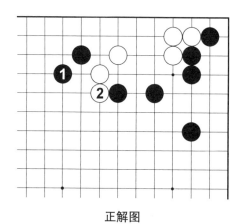

正解图

正解图（阳谋）

黑1尖，放慢节奏先等一等，是典型的阳谋。

就算知道黑下一步的袭击手段，白2还是得压出头。

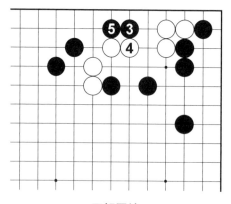

正解图续

正解图续（目送）

准备工作就绪，黑3点出招。白毫无还手之力，只得目送黑5渡回。

白根据地被搜，流浪者之歌已为其奏响。

第 31 题

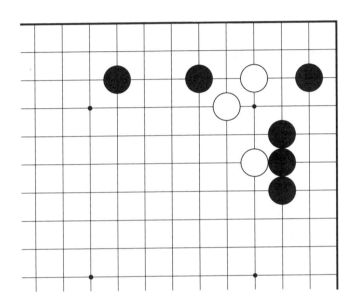

问题图（徐徐图之）

白三子已被黑从两边夹击，但也谈不上什么弱不禁风。

黑先，可徐徐图之，以防被其反咬一口。

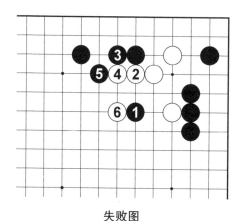

失败图

失败图（后继乏力）

因被白跳到此处是形，黑1破白猴脸，是堂堂正正的攻击要点。

白2肯定压出反击，至白6靠出，黑攻击后继乏力。

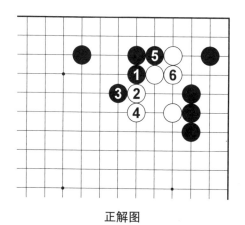

正解图

正解图（闲庭信步）

黑1以下不紧不慢，胜似闲庭信步，特别黑5挤，俗手的感觉非常强烈。

正当白松了一口气时，只见——

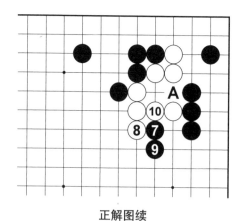

正解图续

正解图续（华丽）

黑节奏突然加快，于7位点刺，前面的铺垫，都只为这一手的华丽。

白10用挡补断，只是为了紧黑一气，并不是惦记着A位之眼，黑随时可先手冲而破之。

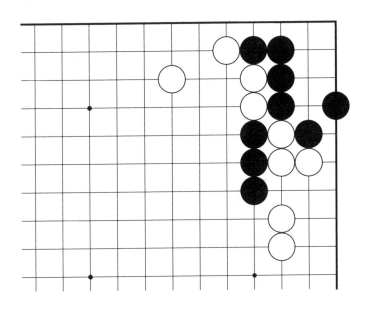

问题图（选择综合征）

白上边棋形破破烂烂，搞得黑都不知如何下手。

黑先，要想治愈选择综合征，计算和判断两帖药，缺一不可。

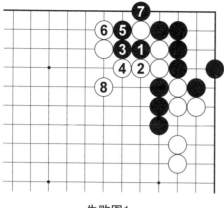

失败图1

失败图1（计算，判断）

黑1直接断上去，计算毫无问题，号称先手吃子。

但判断是——黑角已活，吃一子价值不大；外围对攻，白变厚价值不小。

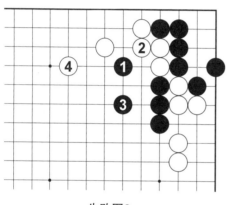

失败图2

失败图2（漂浮，有根）

按捺住吃子的冲动，黑1点方破白形，摆脱了吃子的低级趣味。

但判断是——黑虽是好形，还是漂浮于中央；白两边有根，以逸待劳就是有利。

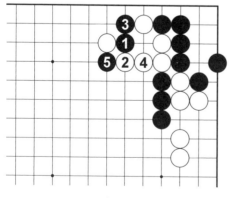

正解图

正解图（变轻，可弃）

黑1靠强手，击中白形要害，黑5断宣称，没有最强，只有更强。

判断是——中央三子变轻，只要边上获大利，此三子可弃也。

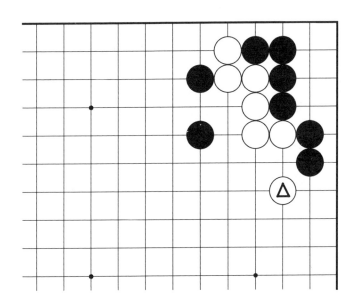

问题图（读懂）

黑角已活，白△子跳并不是压迫，而是寻求步调。

黑先，读懂了白方的意图，就能以针锋相对的思路来打开局面。

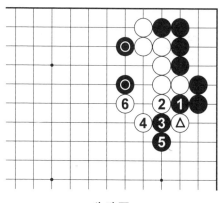

失败图

失败图（一脸无辜）

黑1、3冲断凶猛，却正好凑白弃子整形，至白6虎，一脸无辜的黑⊙两子被碰伤。

诚如鲁迅先生所言，辱骂和恐吓决不是战斗，围棋亦如此。

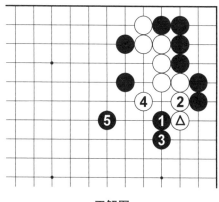

正解图

正解图（走重）

黑1碰好，好在思路，迫使白2粘走重，黑3长展开整体进攻。白4尖，黑5飞，战火蔓延开去，这才是战斗！

那白2不粘又将如何呢？请欣赏日本名誉棋圣藤泽秀行的实战例。

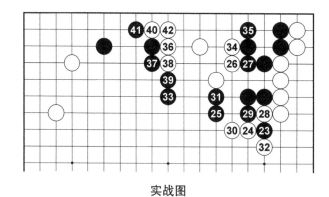

实战图

实战图（棋圣妙局）

藤泽棋圣在其编著的《围棋手筋大全》中，引用了不少《活棋新评》中的题目，想必是大有心得。

本局藤泽执白对宫下秀洋，对黑23跳，白24靠正是本型手筋。

黑25反击，白丝毫不惧，先在右边大捞一把，再于左边安然成活，堪称快心之作！

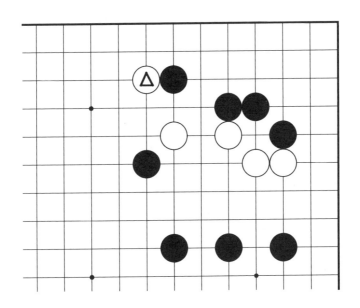

问题图（类似）

和上题有类似之处，白△子靠并不是在欺负黑，而是在发出请求，借劲腾挪己方大块。

黑先，思路确定了，就看执行力如何。

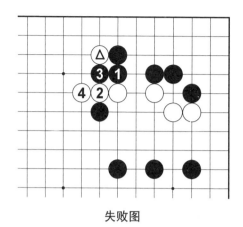

失败图

失败图（正合白意）

黑1顶断，说是反击，其实正合白意。

白2、4顺势而出，黑上当的感觉非常浓厚。

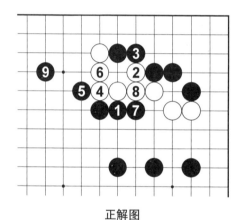

正解图

正解图（分寸恰当）

黑1压、黑5扳均为形之急所，静观白如何补断。能迫使白6如此委屈，黑大有所得。

顾忌到黑角薄味，黑9宽攻分寸恰当。

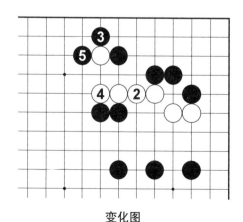

变化图

变化图（翻身而上）

白2接上忍耐，不肯凑黑加厚，但本身效率太低。

黑3下扳，白4贴，黑5翻身而上，白大龙处境艰难。

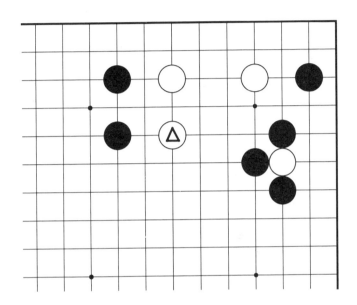

问题图（三个和尚没水喝）

白△子跳补强自身，在实战对局中比比皆是。

有趣的是，白三路拆二本来联络没问题，多了这一子，黑反可趁隙而

入。

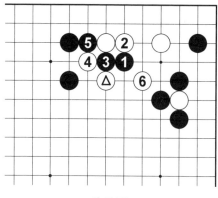

失败图

失败图（躲闪）

黑1刺手法过于直接，此时此地沦为俗手一枚。

白2以下应付得当，至白6虚枷，白躲闪成功。

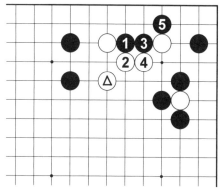

正解图

正解图（一瞬间）

黑1靠入抓住了一瞬间的时机，无论白如何应对，黑总有利可图。

白2上扳普通，黑3、5顶了扳即可脱身，白根据地被破。

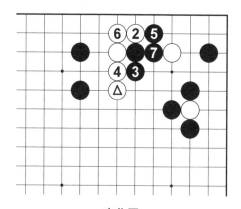

变化图

变化图（收获巨丰）

没有白△子跳，白2扳渡，即可化解黑之攻势。

但现在黑3长成先手，白4不得不接，黑5扳断，照样收获巨丰。

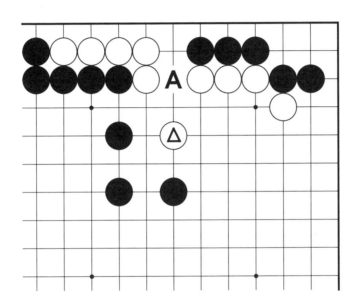

问题图（机会）

白△子位置稍显古怪，A位挖的弱点使白难以施展手脚。

黑先，马上动手固然不成立，但如果说机会是留给有准备的人，还不够励志，那么只要有准备到处是机会，这句话够酷了吧。

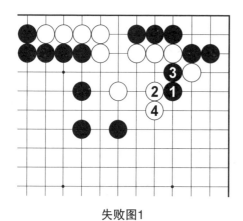

失败图1

失败图1（一脚踏空）

黑1点在此处，攻击的重心出了问题。

白2急速占据要点，轻轻放弃边上一子，黑之攻击一脚踏空。

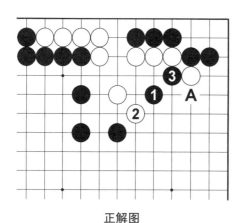

正解图

正解图（三子正中）

黑1点三子正中，绝对的要点，白2只能小尖，小步出头。

同样是吃白一子，黑3这样断下明显优于上图，那但不担心，以后白A出动呢？

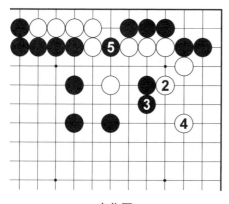

变化图

变化图（幻想）

白2虎抵抗，还能以白4飞好形出头？黑等着就是这个机会，黑5挖，白好日子马上到头。

借助本图就可以得出结论，上图中白A出动只是幻想而已。

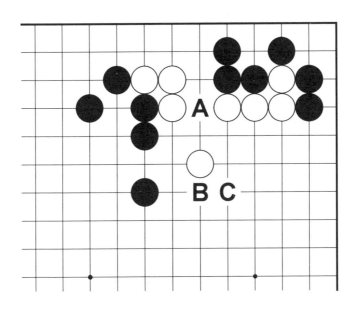

问题图（依旧，不同）

和上题相比，白A位弱点依旧，但黑之攻击手法应有所不同。

黑B靠则凑白C扳，白可轻松获得治理。

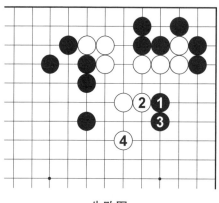

失败图

失败图（无趣）

黑1再点三子正中，因白2顶可以应付，已失威力。

至白4跳出，白出头顺畅，而黑边空还漏风，黑无趣。

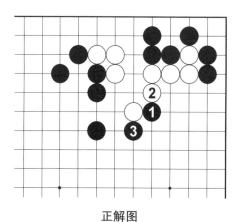

正解图

正解图（两处）

黑1旁碰，盯着白里外两处，令白颇感不自在。

白2从里顶住，黑3外扳封锁，白处境艰难。

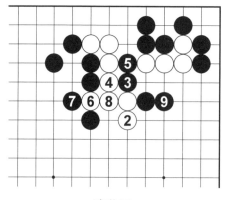

变化图

变化图（放大）

白2向外挺出，黑3内扳，问题图中白A位（本图5位）弱点被放大。

至黑9并，白边上四子被擒，黑收获颇丰。

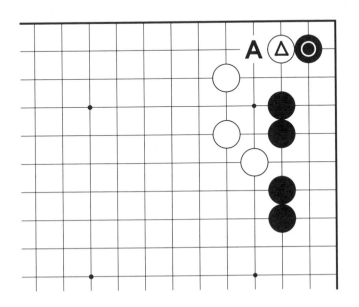

问题图（定型）

早就有了白△子飞和黑⊙子的交换，现在轮到黑下，如何定型是个难题。

黑如下A位夹吃白子，则被白顺势封紧外围，黑无聊。

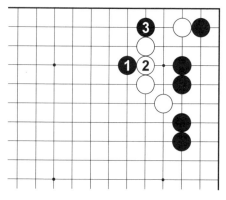

正解图

正解图（神来之笔）

黑1点先手交换后，黑3二路托是神来之笔。

根据白的应法，黑3有可能以一己之力，来撼动白整体。

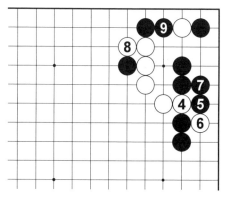

正解图续

正解图续（战略目标）

白不甘示弱，以4、6的精妙次序，取得些许便宜。

但终究白得回头于8位退，黑9夹吃后，白二路挡不再是先手，黑完成了战略目标。

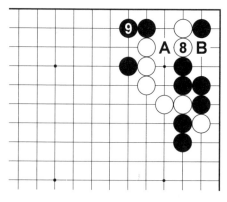

变化图

变化图（阿基米德）

白8改于顶三·三反击，黑9可退，白整串无根。当初的二路托犹如阿基米德所言，给我一个支点，我就能翘起整个地球。

白8若着于A位，黑9退不变，因白B位扳不成立，黑有利不变。

第 39 题

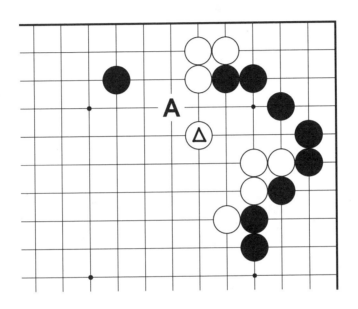

问题图（承前启后）

黑先，白△子对上下白子起着承前启后的作用，故简单的A位刺，有促其加厚之嫌。

请注意，只是否定刺的时机，而不是否定刺的本身。

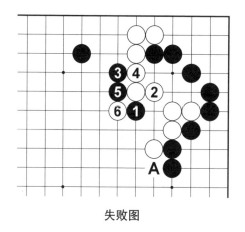

失败图

失败图（吃炸）

黑1碰从侧翼着手，生动解释了旁敲侧击的含义。白2退，黑3刺就无须保留，白被刺成愚形三角。

但黑5挡用力过猛，被白6断，因白A位压有先手意味，黑有可能吃炸。

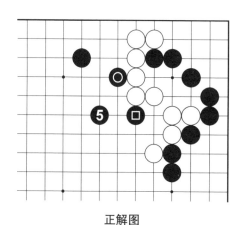

正解图

正解图（不即不离）

黑5跳不即不离，保持着对白的攻势，白反而难过。

不必担心贴在白璧的黑◎子和黑◻子，白如靠吃这两子而求活，必将撞厚黑外侧，黑攻击就已见成效。

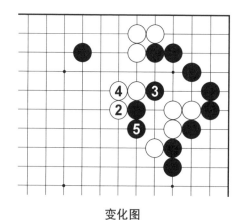

变化图

变化图（转换）

白如觉得上图整体受攻无法接受，而下白2扳，黑3反扳很顺手。

至黑5长，白几乎放弃了中间四子，换来边上的顺畅出头，乃至对黑边上一子的反攻，也是不错的思路。

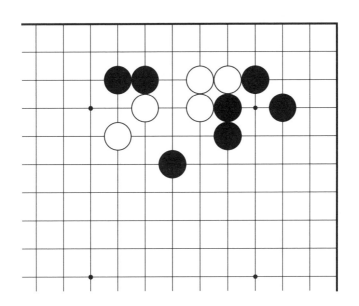

问题图（软刀子割肉）

黑先，和前几题类似，也是破坏白形以图攻击的问题。

虽然不是什么了不起的手段，软刀子割肉，更令白痛心。

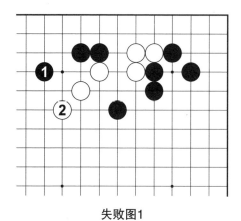

失败图1

失败图1（机不可失）

黑1飞起太普通，对白压力不够，白2悠然尖出。

经此交换后，机不可失，时不再来，黑已失去先手破形的良机。

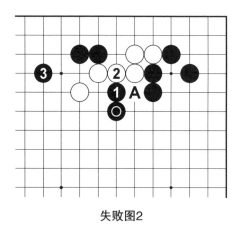

失败图2

失败图2（抵消）

黑1刺使白2接，自得于白成愚形，殊不知黑1和黑⊙子也成呆并的恶形，抵消后黑无所得。

而且这个先手刺并未缓和白A冲断的严厉性，先手不便宜就是无效先手。

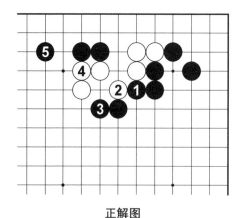

正解图

正解图（行云流水）

黑1拐，默默地补强自身，已经有所得。接着，白2挤，黑3顺势长；白4团，黑5顺势跳。

整个过程黑步调流畅，犹如行云流水。

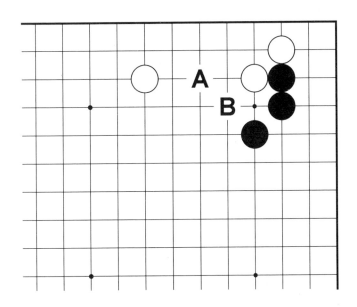

问题图（经济实惠）

白拆三明显形薄，但黑若于A位打入，白B位尖出，混战黑未见有利。

黑先，有经济实惠的下法，何乐而不为也。

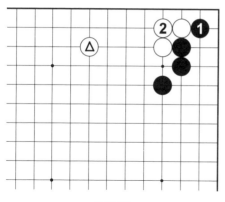

失败图

失败图（利敌之举）

黑1扳角不思进取，凑白2接上，利敌之举。

帮白补上薄味不说，因白△子位置恰到好处，还让白成了二拆三之好形。

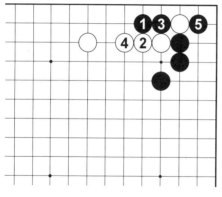

正解图

正解图（一进一出）

黑1点，小巧手筋一枚，和上图相比，黑空增加而白空减少，一进一出获利不小。

更何况，白根据地被动摇，还得拆一手，黑先手得利，更见优势。

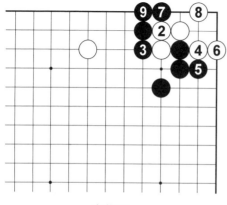

变化图

变化图（学以致用）

白2粘住反抗，黑3贴起，照单全收。

黑7、9扳粘的手筋常见于死活题，此时学以致用，不亦快哉。

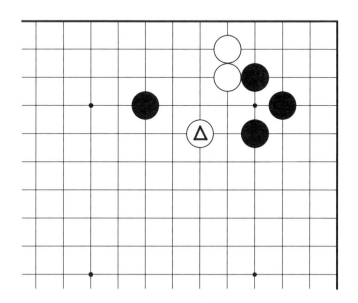

问题图（飞天）

　　白△子小飞，高昂着头飘向天空，不可一世。

　　黑先，有封锁的常见手筋，见诸各种围棋书籍。

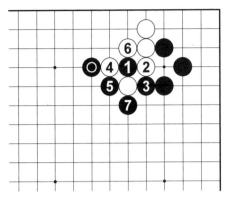

正解图1

正解图1（翻山越岭）

黑1即以跨制飞，以地对空导弹将白拽落凡间。

从黑⊙子四路，再到黑5五路，最后到黑7六路，黑翻山越岭不辞劳苦，完成封锁。

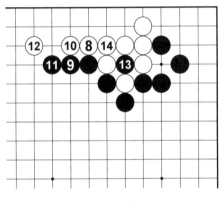

正解图续

正解图续（常识）

白还不能脱先，白8以下完成出头，才算完事。

黑13先手提，最后才下是常识，提得早反加快白出头步伐，为资敌之举。

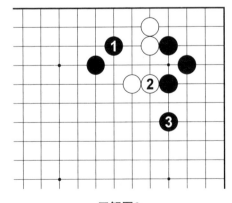

正解图2

正解图2（务实）

上图黑之操作赏心悦目，但当封锁所形成的外势作用不大时，黑另有他法。

如图黑1于边上尖，将白驱赶出去，顺势在右边获利，是务实的下法。

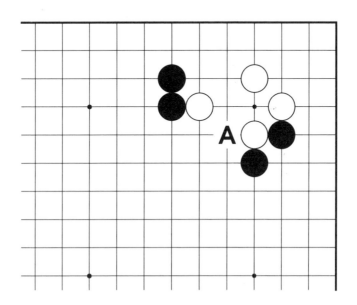

问题图（三思则惑也）

黑先，除了A位当头一打，难道还有其他下法?

思考后请果断行棋，子曰："再思可矣，三思则惑也。"

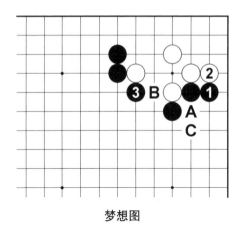

梦想图

梦想图（喜出望外）

黑1单立自有其理由，白2跟着挡，使黑喜出望外。

黑3得以扳封锁，就不会在意白A位断，黑下B、C连续叫吃弃子，即可满意。

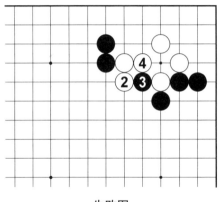

失败图

失败图（乏味）

白2默默地长是正着，不能让白得到虎的绝好形，黑3叫吃不得已。

白4挡打当然，此劫白很轻，白形弹性十足，黑乏味。

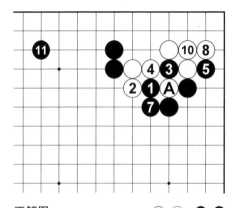

正解图　　　　　⑥=Ⓐ　❾=❸

正解图（常理）

黑1叫吃正确，不必担心白2压出，只要能下出黑5先打的好次序。

以下按常理默认先手提劫方有利，至黑11拆止，双方均无不满。

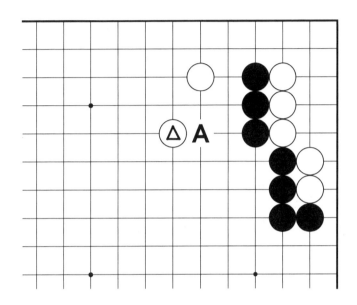

问题图（善罢甘休）

意识到白角不净，白△子斜飞躲闪是本能的反应，优于在A位跳。

黑先，对白角有种种先手利用，岂肯善罢甘休？

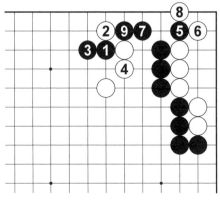

正解图1

正解图1（紧凑）

黑1碰紧凑，白要躲闪，黑偏要紧紧纠缠，让白无法脱身。

对白2、4先扳再退的抵抗，黑兑现二路扳虎的先手，黑9即可断，黑显然成功。

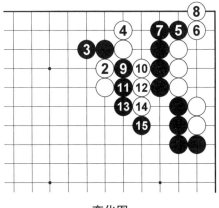

变化图

变化图（碾压）

白2顶、白4立是另外一种抵抗，黑兑现二路扳粘的先手，先手分断白角边。

接着黑9断干脆，以绝对的实力碾压一切技巧。

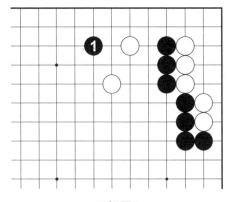

正解图2

正解图2（得道高僧）

黑1逼，平淡中显非凡，犹如得道高僧，功力已臻化境。

黑不拘泥于马上出棋，而是细水长流，整体进攻白两子。

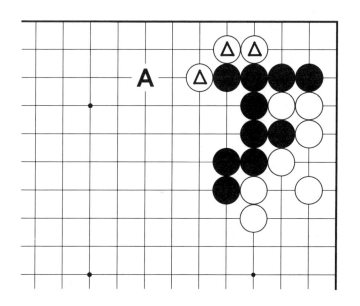

问题图（露出獠牙）

星位靠压定式的变化，黑形凝重，憋着一肚子火正无处发泄，上边的白△三子在黑眼里，就是一只美味的烤鸭。

黑先，普通的A位夹不能满足其胃口，黑即将露出獠牙。

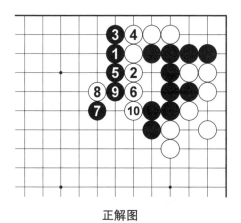

正解图

正解图（选择）

黑1紧夹严厉，对白2长，黑3立、黑5贴一招紧似一招，再施以黑7飞罩，左上角有黑目外飞压所形成的外势，配合甚佳。

白8先跨，白10再压，竭尽腾挪之能事，黑面临选择。

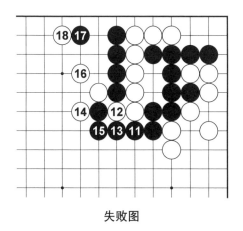

失败图

失败图（过刚易折）

黑11压封锁，企图一口吃下烤鸭，但行至白18靠，黑恐有过刚易折之祸。

左上角虽配置有利，只是远水解不了近渴，无可奈何。

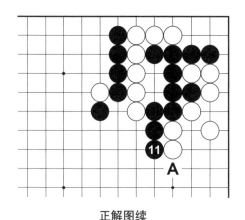

正解图续

正解图续（蔓延）

黑11压正着，确保自身安全，徐图攻击之利。

同时，战火已经蔓延到右边，白能忍受被A位扳的屈辱吗？

守之篇

第 1 题

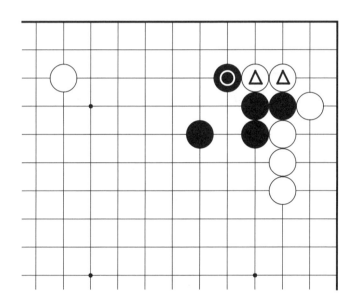

基本图（彼此彼此）

黑先，因黑◉子是软头，黑正为如何生根而烦恼。

突然发现白△子是紧气二子头，黑哈哈一笑，原来彼此彼此。

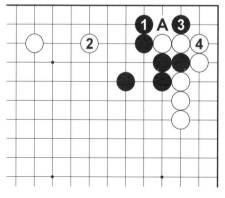

失败图1

失败图1（单粘）

黑1立，防止白在同处扳软头，白2当然在边上拆二，黑缺乏根据地。

黑3夹要求先手扩大眼位，也被白4单粘所化解，就是不给黑A位接的先手。

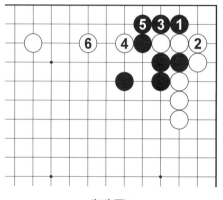

失败图2

失败图2（灵感）

黑1单夹是从上图得到的灵感，希望弃子得到二路立的先手。

无奈白2又是一个单粘，黑3拉回又遭到白4夹，黑处境没得到改善。

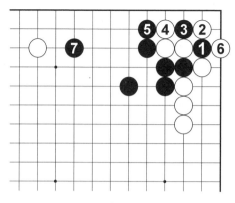

正解图

正解图（不变，变）

黑1、3连续弃子，是从上面两图得到的灵感，要点不变次序变。

黑如愿得到右边5位立的先手，再占到左边黑7拆三，黑可以安心。

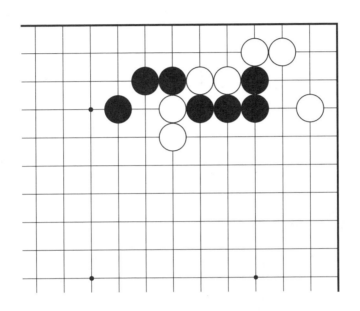

基本图（兼顾）

整体情况是这样的，黑左右两块、白中间一块，都未安定。

黑先，当务之急是先把黑右边一块跑出来，如能兼顾左边，那是再好不过。

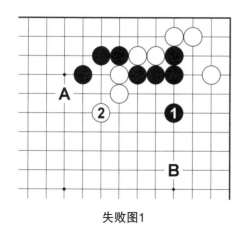

失败图1

失败图1（逃窜）

黑1小跳坚实，是规范的出头方式。白2即所谓的凡尖无恶手，下一手A位飞压和B位夹击见合。

正因为如此，黑1的下法不免沦落为逃窜。

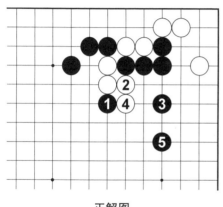

正解图

正解图（居功至伟）

黑1顶似攻非攻，逼着白原地转圈之际，黑3、5连跳逃之夭夭。还是因黑1之子的存在，对左边黑子，白也并无有力的进攻手段。

一己之力扛起两边，黑1居功至伟。

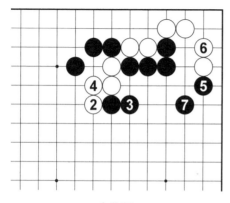

变化图

变化图（不担心）

或许会担心白2扳的反击，其实黑3退即可，和失败图相比，黑出头已畅。

白为了有冲断，于4位愚形粘不得已。黑5、7转于边上整形，黑有利。

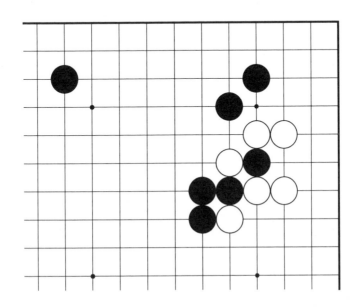

基本图（物尽其用）

　　黑先，当然是要堵住缺口，才能使上方模样完整。

　　提示——黑被吃住的一子，应使之物尽其用。

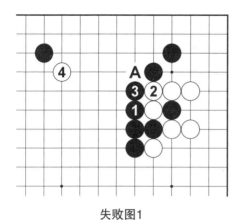

失败图1

失败图1（紧）

黑1打、黑3挡，形成的包围圈很紧，紧得要崩掉。

被白4肩冲，黑受制于A位断点，无法放手作战。

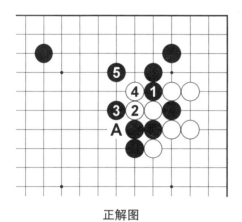

正解图

正解图（松）

黑1断打，让白2跑出来，黑3再枷封锁，形成宽松的包围圈。

黑A位虽然有断点，白如果真去断，黑的包围圈就像活结，受力后越来越紧。

正解图续　　⑤=Ⓐ

正解图续（无趣）

为说明问题，就算成以后多了白△子，白1断作战。

黑2、4先手滚打，黑边空已成铜墙铁壁，黑●三子可弃可取。再看白1断，那是相当无趣。

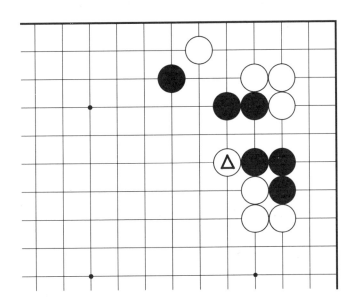

基本图（司马昭之心）

白△子扳，其用意是司马昭之心路人皆知，就是要毁形。

黑先，请切记，广阔天地，大有作为！

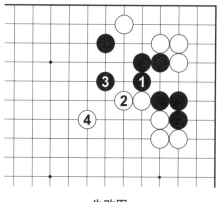

失败图

失败图（郁郁寡欢）

黑1顶逆来顺受，贪图眼前安逸，哪管明日艰辛。

至白4飞攻，黑子力萎缩于内线，犹如魏帝曹髦大权旁落，屈身于皇宫大院，而郁郁寡欢。

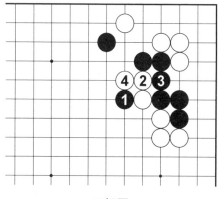

正解图

正解图（血性）

黑1夹，强调出头在前，单骑反击有血性，犹如曹髦愤然讨伐司马昭。

历史上的曹髦如流星般陨落，至白4拐出，我们不禁也为黑1的命运而担忧。

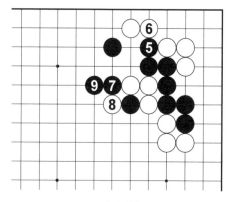

正解图续

正解图续（大逆转）

黑5先手冲，黑7再次出头在前，白8断打，黑9还是出头在前。

大型历史穿越剧《曹髦破司马》即将上演，曹髦利用黑1替身骗过司马昭，逃出都城洛阳，在外招兵买马，上演了一出大逆转。

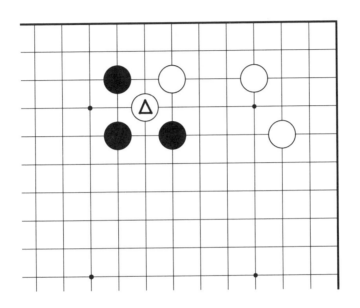

问题图（露骨）

白边自身未稳，马上弈出白△子刺，露骨地要求分断黑。

请不要指责其无理，因为一出凄美的爱情故事即将上演。

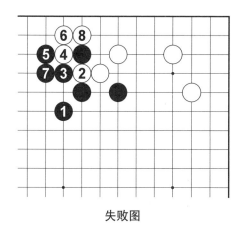

失败图

失败图（墙头草）

黑1尖，企图兼顾两边，但至白8拐吃，黑边上一子被吃，中间一子还留有冲断，结果两边都没照顾好。

墙头草两边倒，没有坚定的信念，就不会成功。

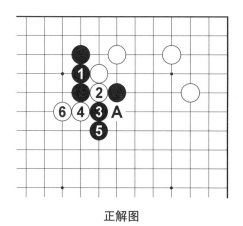

正解图

正解图（连根切断）

黑1粘边上，是正确的选择，当然对白冲断早有防备。

请注意，白4连根切断才有意思，下A位断吃尾巴意义不大。

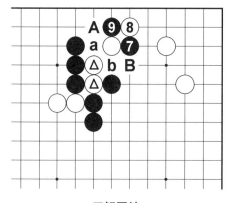

正解图续

正解图续（相思断）

黑7、9靠断，紧紧缠绕白子，就是传说中的相思断手筋。

白A则黑a，白B则黑b，白△两子棋筋无法离开黑的怀抱。

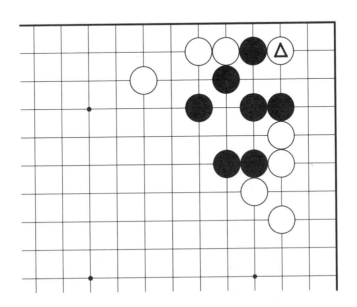

问题图（计将安出）

白△子二路夹入，如让其得逞，则黑根据地尽失。

白有上下两条出路，黑计将安出？

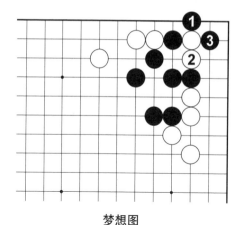

梦想图

梦想图（大愚若智）

黑1、3两扳，以看似灵动的手法，纠缠白使之不得脱身。

真相是白2顶的恶手，让黑1的大愚若智侥幸成功。

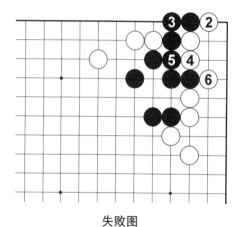

失败图

失败图（不可或缺）

白2先打是不可或缺的次序，待黑3粘，白4再顶。

黑5只能再粘，白6渡过，尽破黑角。

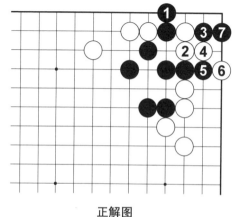

正解图

正解图（大智若愚）

前面有大愚若智，后面自然有大智若愚的黑1立，有黑3夹为证。

黑7再立，识破白打劫之预谋，为大智若愚画下了一个完美的句号。

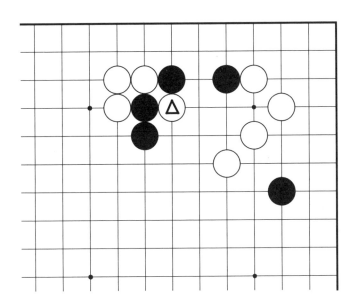

问题图（作法自毙）

只看征子有利，白△子悍然断上，头脑太简单。

黑先，只要思路到位，就能让白作法自毙。

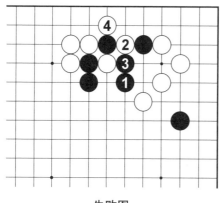

失败图

失败图（正确，错误）

黑1虚枷是正确的思考方式，用弃子来解开难局。

黑3卡打是错误的弃子手法，被白4一手提干净。

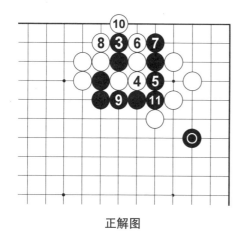

正解图

正解图（三路之子弃两个）

黑3立，按三路之子弃两个的格言行棋，是此际最佳定型手法。

至黑11粘止，黑将白阵穿透，并使黑⊙子的位置恰到好处，反攻白角已在眼前。

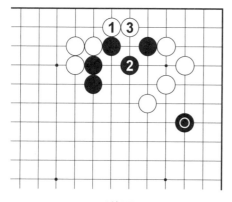

延伸图

延伸图（池鱼之殃）

回到问题图白△子断之前，白1扳，缓攻是正着。

黑2虎是形，白3挺入必然，搜根驱赶白逃跑，黑⊙子遭池鱼之殃，已在所难免。

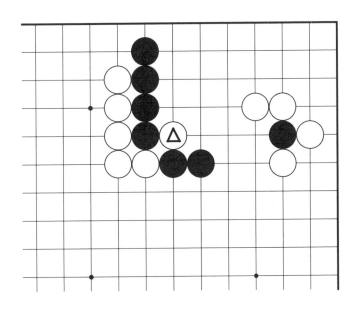

问题图（高效吃子）

黑先，不能被白△子棋筋逃逸，地球人都知道。

如何高效率吃住此一子，知道的人就不多了哦。

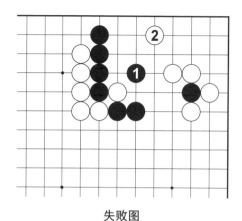

失败图

失败图（低调）

黑1枷在四路高位，以下出标准的吃子手筋而趾高气扬；白2飞在二路潜行，不以根据地目数尽得而自命不凡。

低位带来低调，古人云，海纳百川，有容乃大，诚不我欺也。

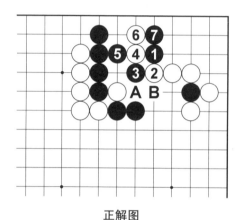

正解图

正解图（放低身段）

黑痛定思痛，黑1象步飞着于三路低位，放低身段，以确保根据地。

对白4断，黑5笑纳之并无问题，白A则黑B，倒扑把关。

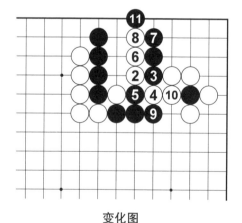

变化图

变化图（绝望）

白2尖企图连根拖出，早在黑计算中，冲断是必然的反击。

当黑11下出一路扳的对杀手筋，白终于绝望。

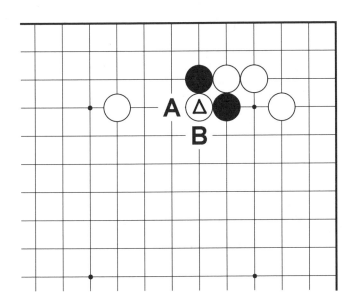

问题图（舞台）

白△子断并非好棋，只不过为黑提供了腾挪的舞台。

黑先，下A、B两处叫吃，为无谋之举，借劲行棋方为王道。

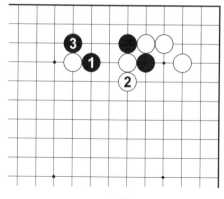

正解图

正解图（腾挪自靠始）

黑1靠，白2长明智，黑3下扳，腾挪显然成功。

腾挪自靠始，说的就是这个局面。

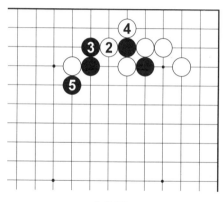

变化图1

变化图1（贪吃）

白2贪吃黑一子，黑3顺势挡下心情太爽，白4得提。

黑5这次可以上扳，心情更爽，实际上也胜于上图。

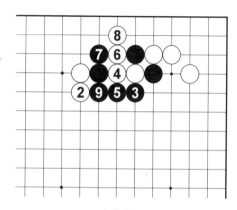

变化图2

变化图2（归类）

白2上长是最强抵抗，却只能归类到顽抗，这是个贬义词哦。

黑3以下一气呵成，白被穿透而成裂形，优劣不言自明。

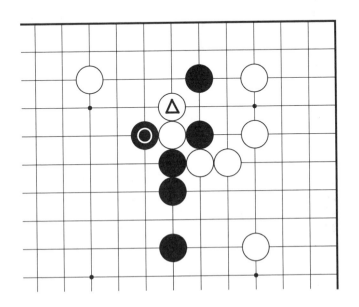

问题图（油门，刹车）

黑◉子叫吃，白△子长出的局面，黑面临十字路口。

黑先，是踩油门加速，还是踩刹车减速呢？

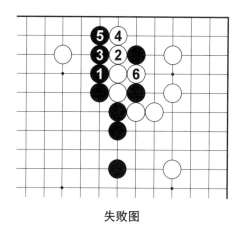

失败图

失败图（一泻千里）

黑1以下一直线贴下，心情是很爽，实际效果又如何呢？

白实空丰硕先不提，单说白边上一子活力尚存，还惦记着反攻黑所谓的外势，就令黑很头疼。

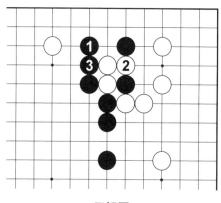

正解图

正解图（实至名归）

黑1虚枷放慢节奏，是切合实际的选择。白2回退无视这个"虚"字，也是个实在人。

黑3得以接上很满意，实至名归，这才是真正的爽快，

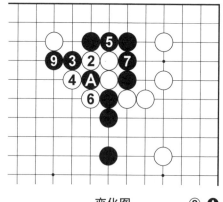

变化图　　⑧=Ⓐ

变化图（包袱）

白2冲反击，全然不顾被滚打，只为得到奋不顾身的点赞。

但至黑9压出，作战黑明显占优势，白反而背上中间几子这个深重的包袱，智者所不为也。

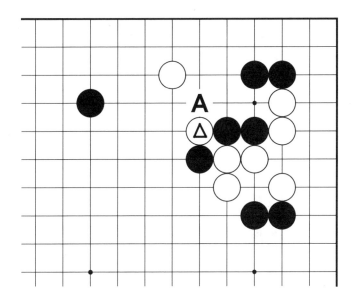

问题图（不甘）

面对黑薄形，白△子有不得不断的理由。

因全局配置关系，黑不甘于A位叫吃而龟缩角上，一出激烈的攻防变化即将上演。

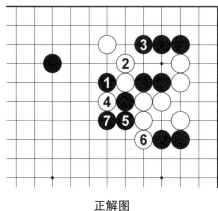

正解图

正解图（顺水推舟）

　　黑1从外面叫吃最强，白2长，黑3顺势双补。白4、6的手法如出一辙，步调良好。黑7拐打，战斗继续中。

　　双方顺水推舟的手法，请细细体会。

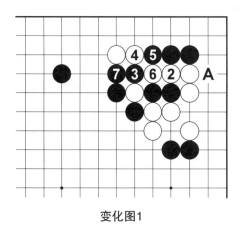

变化图1

变化图1（快车道）

　　白2冲打是值得一提的变化，如此进入快车道，双方都有风险。

　　白4、黑5互顶，黑7有两种选择，如图团侧重进攻，A位扳则侧重防守。以下变化复杂，因篇幅有限，不再展开。

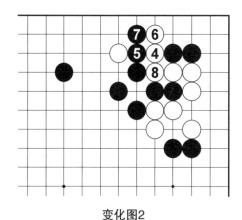

变化图2

变化图2（转换）

　　白4也可扳断，等于逼着黑5冲形成转换，双方都可接受。和上图相比，明于计算难在判断。

　　黑5如于6位下扳则过强，作战黑不利。

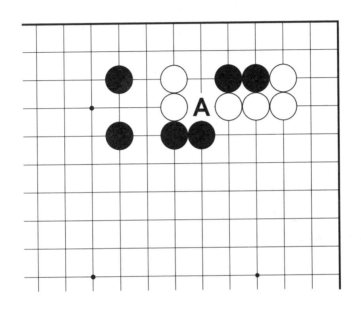

问题图（引而不发）

白A位之缺陷过于明显，如被其吸引反而坏事。

黑先，对此引而不发，会更令白为难。

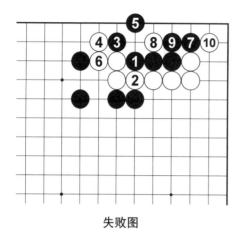

失败图

失败图（劳而无功）

因为直接冲断不成立，黑1就下顶，思路狭窄导致出路狭窄。

白8避开黑打劫的之企图，黑劳而无功，被全歼。

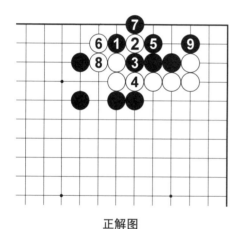

正解图

正解图（难言之隐）

黑1单托，保留变化是好思路，白2还得主动弃子，自有其难言之隐。

至黑9扳，黑净活不说，还令白角漏风，局部作战大告成功。

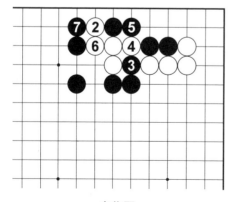

变化图

变化图（一毛不拔）

白2阻渡企图一毛不拔，等待它的，却是毛全被拔光的悲惨命运。

黑3冲断是一直瞄着的手段，至黑7夹，局部并无对杀可言。

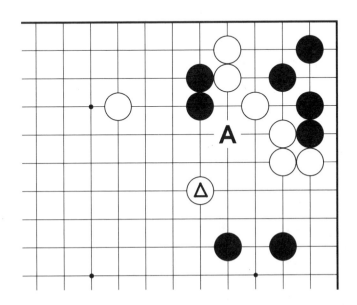

问题图（顾忌）

白△子远一路镇，是顾忌黑A尖的反击。

黑先，逆对方意图而行，是围棋的重要思考方法，对方怕什么我就来什么。

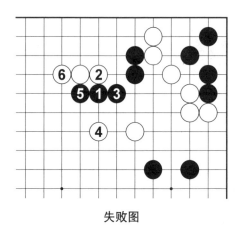

失败图

失败图（散兵游勇）

黑1飞出头必然，白2贴以破坏黑形。黑3退形状松垮，犹如散兵游勇。

白4争到作战的正面，黑不利。

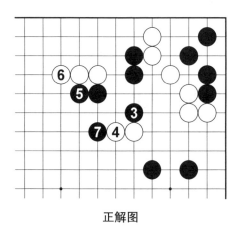

正解图

正解图（唤起）

黑3碰，强行唤起问题图中白之顾忌，白4退本手。

黑5先手压，黑7搭后已成形，前途一片光明。

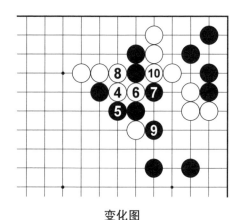

变化图

变化图（预案）

对白4强行扳入，黑早有想好了转换的预案。

至白10断止，黑弃两子而先手走厚外围，黑得分。

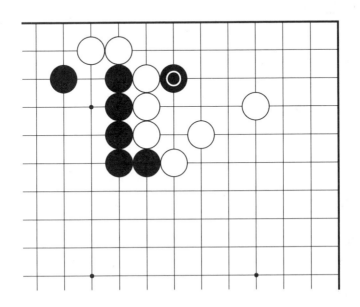

问题图（凌云壮志）

黑⊙一子孤孤单单，却有凌云壮志，要在白阵中大闹天宫。

黑先，如何利用白二路断点，是黑能否实现志向的关键所在。

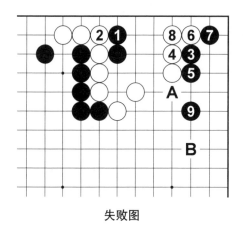

失败图

失败图（不甚明显）

黑1立虽是绝对先手，但对下一步黑3点三·三的接应作用不甚明显。

双方进行至黑9跳，白空相当实惠。而且因黑A虎不是先手，以后白还有B位逼的手段。

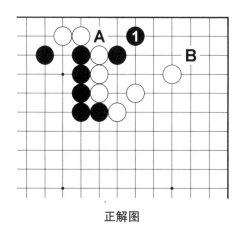

正解图

正解图（利宜远）

对先手利用，古人已有"利宜远"的总结，黑1尖远了一小步，是境界上的一大步。

因有A位断，此着照样是先手，而离角就近了一路，B位点三·三就方便多了。

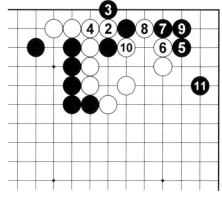

正解图续

正解图续（一心一意）

白2挤最强抵抗，黑3先手叫吃以留下劫味。

黑5大飞后，不理睬白8挖的纠缠，一心一意于角上求活。

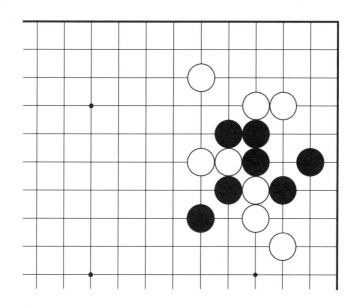

问题图（异曲同工）

本题和本章第2题类似，同样是黑两块和白一块互相牵制的局面。

黑先，既然有异曲同工之感，何不奏出最强音呢？

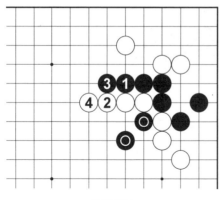

失败图1

失败图1（亦步亦趋）

黑1贴出头，如此亦步亦趋，貌似不是白方的对手，倒像白方的跟班。

至白4长，上边的问题还没得到彻底解决，下边的黑⊙子越发显得薄弱。

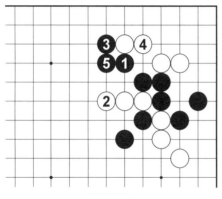

失败图2

失败图2（不动如山）

黑1尖顶思路有所进步，以图借劲出头。白2并，不动如山，任由黑在上边折腾。

至黑5接，只能说黑暂时摆脱困境，黑可以做得更好！

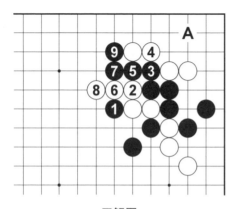

正解图

正解图（护送）

黑1顶华丽，找到了借劲的目标，逼着白2以下护送自己顺调出头。

至黑9拐，白角里产生了被黑A位点的逆袭手段，黑的日子就好过多了。

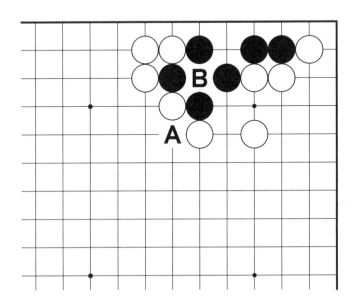

问题图（正面，侧面）

黑先，黑A位断打很醒目，但白可B位提，若非劫材相当有利，成白先手劫，总是黑不利。

既然正面对抗不利，那么侧面迂回是唯一的选择。

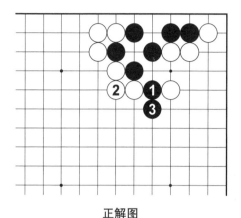

正解图

正解图（思路，大路）

黑1单挖，以正确的思路，踏上了通过外部世界的大路。

白2粘，默认黑出头成功，而寄希望于下一步的进攻。

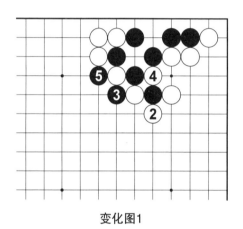

变化图1

变化图1（眼疾手快）

上图说黑1单挖，"单"是指保留断打，并非对此视而不见。

白2挡打太天真，黑3断打眼疾手快，白4、黑5互提，形成不是转换的转换。

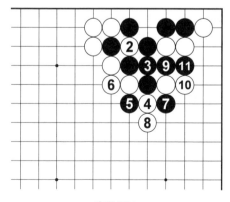

变化图2

变化图2（靠谱）

当外围价值更大时，例如右边有白大模样，白2、4选择提了封锁。

虽然白实空损失较大，但这个转换明显要比上图靠谱。

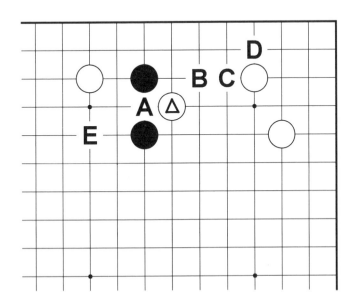

问题图（制造障碍）

白△子刺，希望黑A位粘，如此对黑B拆一生根、C碰乃至D位托的腾挪手段制造了障碍，白再于E位跳起，攻势流畅。

黑先，反击是必然的选择。

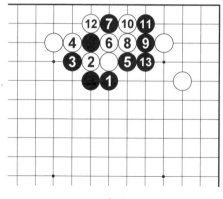

正解图

正解图（不甘被利）

黑不甘被利，于1位压反击是应有的态度。白2位再反击，有过分之感，以下形成转换。

过程中黑7反打巧妙，以弃子扩大白之伤口，撕裂白阵。

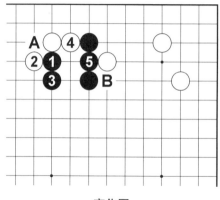

变化图

变化图（万无一失）

如不怕被白左边走厚，黑1靠也是一策，至黑5顺势接，调子甚佳。

白4也可单在A位接，则黑再于B位压，已万无一失。

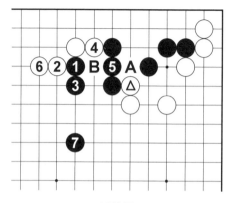

延伸图

延伸图（加藤流）

这是中国流的常见攻防，白△子冲，黑A挡则白B刺。

和上图类似，黑1也是这种靠，逆白意图而行，至黑7大跳出头，是日本超一流棋手加藤正夫酷爱的下法。

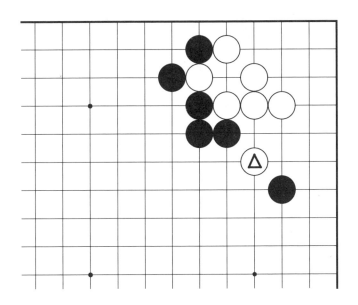

问题图（不能放松）

白△子跳突破黑的包围圈，有转守为攻之势。

此时轮到黑防守，着法一步都不能放松，放虎归山，后患无穷。

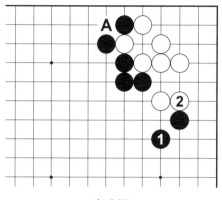

失败图

失败图（负担）

黑1尖和白稍微拉开距离，是防守的正确棋形，但不代表大局的正确。

白2挡安定自己，黑已无法形成紧凑的包围，而且A位劫争将成为黑的负担。

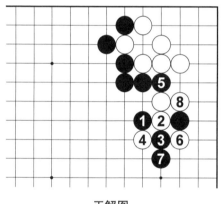

正解图

正解图（以攻为守）

黑1跳枷，以攻为守，强行形成新的包围圈。白被逼着下2、4冲断，否则颜面无存。

黑5冲，诱使白6叫吃，送黑7长，白8拐吃，接着……

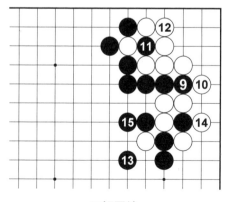

正解图续

正解图续（重整防线）

黑9先手冲后，黑11先手提劫是顺手牵羊，此时白12并无反抗。

至黑15枷，黑顺利完成了重整防线的战略目标。

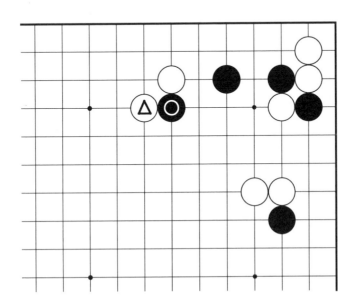

问题图（江湖险恶）

黑◉子靠求腾挪，由此诱发了白△子扳的失着。

涉世未深的白方哪知道江湖险恶，一连串的打击即将来临。

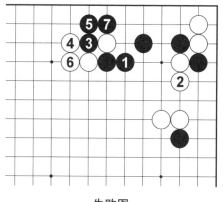

失败图

失败图（躲过一劫）

　　黑1退，徒有冷静之表，实则麻木之举。白2退是真冷静，一手补右边毛病。

　　黑3以断吃一子而获得安定，对白来说，已经是躲过一劫。

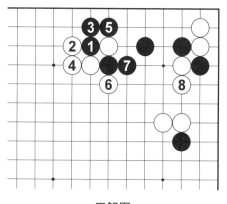

正解图

正解图（差一手）

　　保留右边的种种变化，黑1单断是好思路。

　　至白8长止，白在6位多了一手无关紧要之棋，相差一手棋，区别太大。

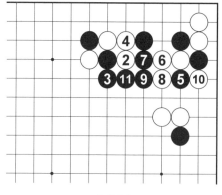

变化图

变化图（励志剧，悲剧）

　　白2反击是不识厉害，愣要找个词夸夸它，只能说初生牛犊不怕虎。

　　但结果呢，不是励志剧而是悲剧，白牛犊硬要往虎口送，那黑老虎勉为其难而纳之。

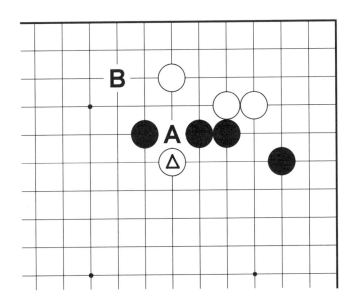

问题图（看破）

和第17题有点类似，白△子想让黑A粘而走重，白再顺调于B位拆一。

黑先，既然看破了白之意图，就不能让对方称心如意。

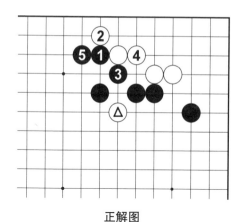

正解图

正解图（自然）

黑1靠、黑3虎是连贯的整形手段，白2扳和白4退是自然的反应。

至黑5退，黑棋形完整，出头顺畅，白△子刺了个寂寞。

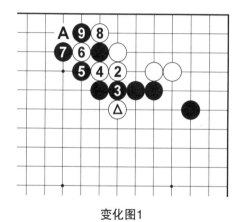

变化图1

变化图1（不自然）

白2长稍稍有些不自然，黑3以下则是很自然的应对。

至黑9打住，因劫败白角会大幅度缩水，白不敢轻易挑起A位劫争。

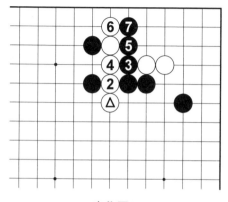

变化图2

变化图2（野蛮）

白2冲太野蛮，或者是为了让白△子有面子。

至黑7挡形成转换，无论白外势多么绚丽，就当是白花钱（弃掉的这只大角）放了一支大烟花，黑免费欣赏，甘之如饴也。

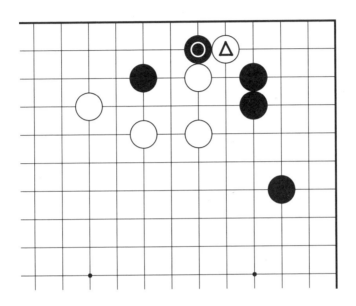

问题图（浮出水面）

黑白三路子对峙局面，黑◉子托求渡是常型，白△子扳断稍显无理。
黑先，如何让其无理浮出水面，得以显现。

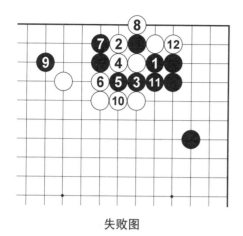

失败图

失败图（笨重）

　　无论是从棋形还是结果来看，黑1断都显笨重。

　　至白12爬止，黑角凝成一团，边上大跳的联络又太薄，黑不利。

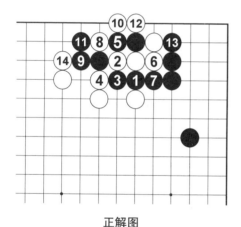

正解图

正解图（强硬到底）

　　黑1挖轻巧，弃子求渡。白2顶不予接受，强硬到底。

　　黑5、7顺调而行，至白14拐，打劫对杀的结局即将呈现。

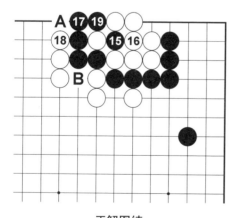

正解图续

正解图续（纠结）

　　黑15先扑是好次序，至黑19叫吃，黑静静地等着白下一手。

　　白20纠结于A、B之间，A位目数好（反面是棋形薄），B位棋形厚（反面是目数亏）。

第 22 题

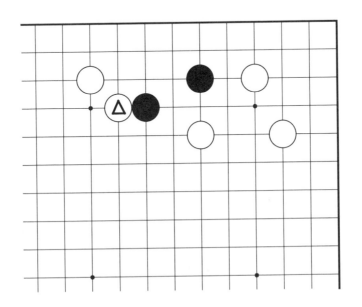

问题图（警惕）

白△子从三路向四路尖顶，怎么看怎么古怪。

黑先，对此应有警惕之心，古怪之棋必有后着。

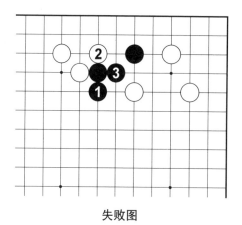

失败图

失败图（天真）

黑1长过于天真，以为白子尖顶，是为了给自己送行。

白2扳一出手，黑方知上当，但也只得于3位愚形曲，忍气吞声求联络。

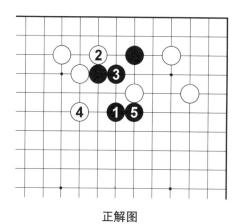

正解图

正解图（指望）

黑1飞出头好形，并不在意薄味，白2扳凑黑3补形，是指望下一步的进攻。

白4跳，黑5压，一攻一守，战斗继续中。

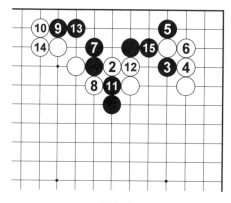

变化图

变化图（不指望）

白2夹出手，是觉得后期进攻无利可图，而不加指望。

黑3以下的腾挪手段令人眼花缭乱，受制于自身不厚，白只能让黑就地成活。

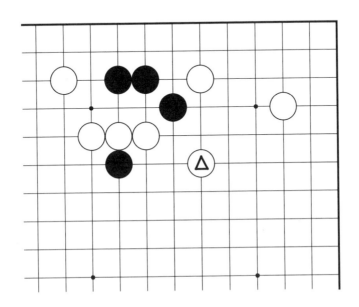

问题图（借助）

白△子从中央飞攻，说是攻击，因黑仅有一条出路，稍不留意，白肯定不介意吃棋。

黑先，请下出精彩的腾挪手段，借助白的力量而脱险。

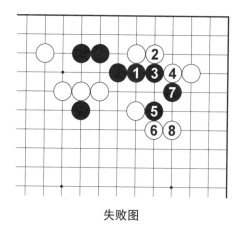

失败图

失败图（不给借劲）

黑1压要求借劲，白2不扳而退，不给借劲，黑有小麻烦。

以下黑左冲右突，但白应付得当，至白8长，黑有大麻烦。

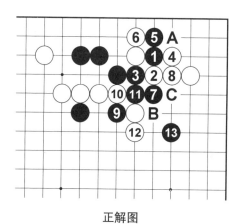

正解图

正解图（自己来拿）

你不借我来拿，黑1、3次序精妙，强行还原成上图黑1压、白2扳的局面。

黑13飞再度献上精妙，因黑随时有A位先手拐，白B冲则黑C退，可确保无恙。

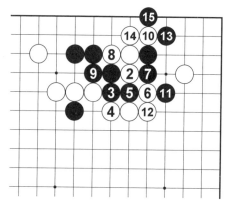

变化图

变化图（玉碎）

白不为瓦全，于2位冲反击，黑3反冲，以下手数虽长，却是单行道。

至黑15扳，白的反攻，以玉碎的悲壮而告终。

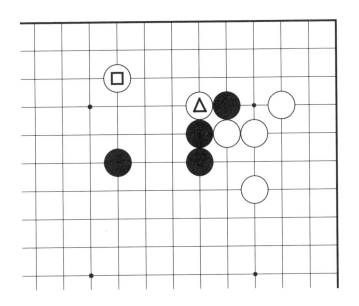

问题图（渔翁之利）

白△子断，不顾边上白⊡子的存在，看来敌人不怎么团结。

黑先，可使敌人内部矛盾扩大化、明显化，以坐收渔翁之利。

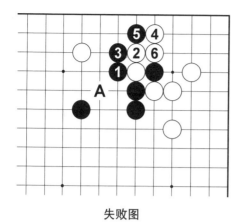

失败图

失败图（缺点）

黑1、3连续行于同一方向，虽得先手，不能掩盖其着法单调的缺点。

更大的缺点在于A位，不补被白穿象眼，再补连合适的选点都找不到。

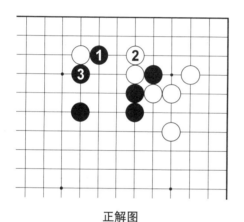

正解图

正解图（常识）

保留两个方向的叫吃，黑1单靠是腾挪的常识。

白2内侧立，先于紧要之处防守是本手，能得到3位扳，黑自可满意。

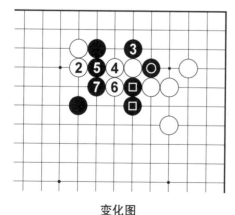

变化图

变化图（双手奉上）

白2外侧长，稍显过分，黑3先打，黑5再冲，使白成兄弟打架之形。

在黑看来，只要能反攻白棋边上两子，黑◉和黑▣，一子也好，两子也罢，都可双手奉上。

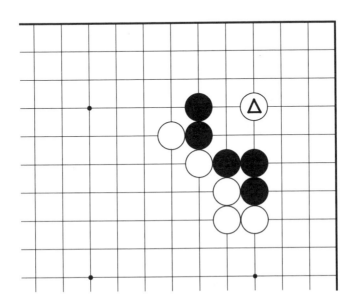

问题图（地利）

　　白△子正居点方要津，令黑如芒刺在背。偏偏这个子还占据了角部的有利位置，无论攻守都占优势。

　　黑先，要想摆脱困境，获得地利优势是关键。

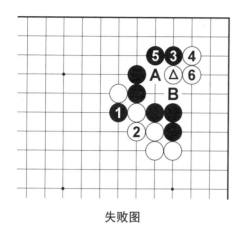

失败图

失败图（地利）

黑1先手叫吃，再回到角上3位托，攻击性要优于A位或B位顶。但白6粘后，白已生根，而黑的断点依旧存在。

看来，托虽是手筋，还是没有解决地利问题。

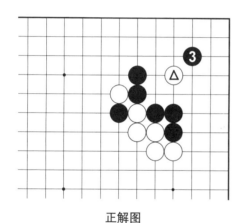

正解图

正解图（釜底抽薪）

黑3点三·三是思路的飞跃，来了招釜底抽薪。

白△子靠地利逼威，黑3就占据更有利的地利位置，以攻为守。

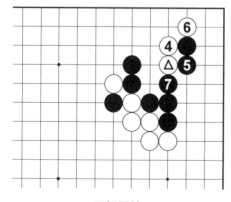

正解图续

正解图续（不给机会）

白4总要选择一边挡，黑5就从另外一边爬回；白6扳，黑7就顶住。

黑始终不给白以机会断，白进攻已经无望，只有转入防守。

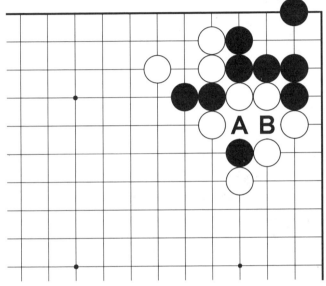

问题图（慧眼）

白A位断点在外面，容易被发现；B位断点在里面，容易被忽略。

黑先，只盯着A位断点是凡眼，能瞄着B位断点才是慧眼。

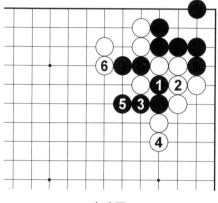

失败图

失败图（作茧自缚）

黑1断打，黑3再征子，号称三步吃子法，却有作茧自缚之感。

白4并强调攻击性，黑5得补；白6再从另外一边压，黑吃一子成重复之形，也无法攻击两边白。

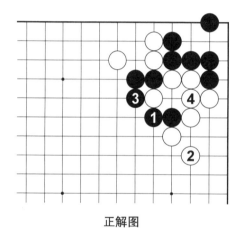

正解图

正解图（腾出手）

黑1单长，黑3再外面拐打，就是瞄着白里面断点，白4必粘。

和上图比较，黑不需要马上吃子，而是腾出手下在……

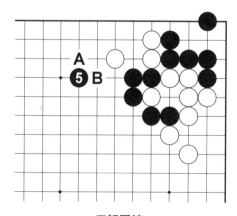

正解图续

正解图续（不亢不卑）

黑自身也不是很厚，黑5宽罩分寸感良好，可谓不亢不卑。

如黑因有机会抢先攻击而自我膨胀，而下A位夹攻，则白B位尖出，被攻的反倒是自己。

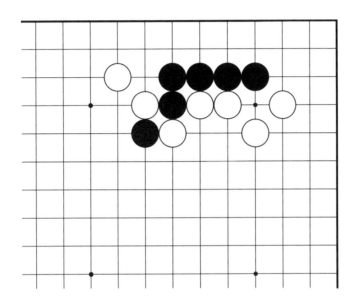

问题图（添油加醋）

黑先，黑角就此放置不行，单爬三·三位也不肯。

白包围圈气紧有断点，黑再来个添油加醋，那就热闹了。

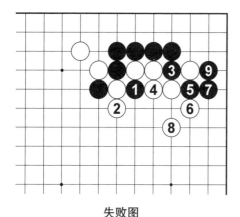

失败图

失败图（得不偿失）

黑1、3啪啪作响，连续叫吃，换来黑5断，典型的俗手。

黑9后手吃子，而白外围俄然变厚，黑得不偿失。

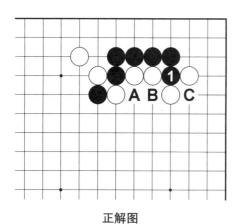

正解图

正解图（试应手）

黑1单挤饶有趣味，A位断点原来就有，再给白增加了B、C两处断点。

黑这是试应手，看白如何补断，再决定自己下一步行动。

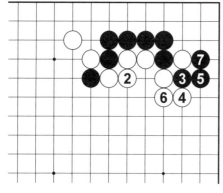

正解图续

正解图续（本分）

白无法张扬个性，不能长也无法虎，只能粘在2位，用最本分的方法来补断。

黑3还是可以断到此处，至黑7拐吃止，和失败图相比，白外势强度明显逊色。

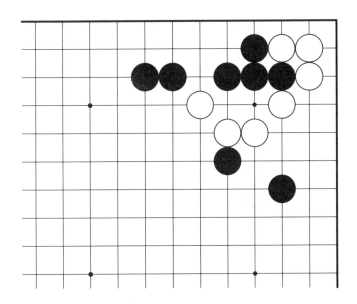

问题图（主角）

本题的进程很常见，随便翻开一本围棋手筋书，都会有其身影。

虽是黑先，主角却是作为防守方的白，除非它自甘平庸。

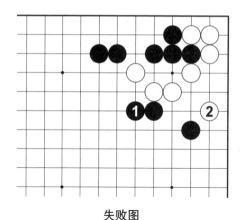

失败图

失败图（松缓）

黑1松缓，白2飞已一手成活，黑要封锁还得再花一手棋。

若非特殊情况，黑这样下，让白如此轻松，总是不肯。

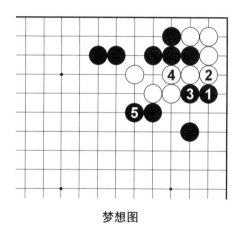

梦想图

梦想图（刻板，灵活）

黑1飞点搜根，几乎是必然的一手。白2单粘刻板，黑3俗挤灵活，形成鲜明的对比。

黑5再长到此处，白大块已奄奄一息。

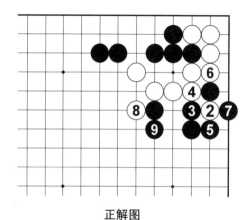

正解图

正解图（非常时期）

非常时期呼唤非常手段，白2跨弃子争先，是机智的下法。

白争到8位扳，总算松了一口气。黑9退，保持对白的攻势。

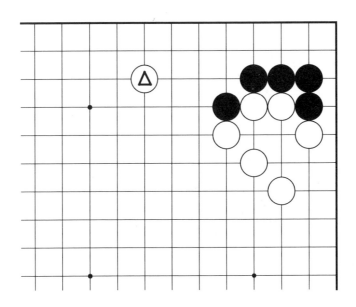

问题图（平添变数）

黑先，本是简单出头的问题，因白△子徘徊在黑角附近，而平添变数。

黑如果对其不加戒备，定会吃亏。

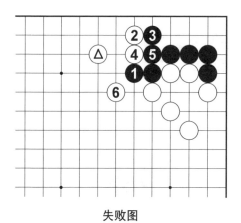

失败图

失败图（探头探脑）

黑1长探头探脑，够小心了吧，反而遭到白2绝好的飞点。

至白6飞罩，黑是否觉得刚出虎口，又入狼窝呢？

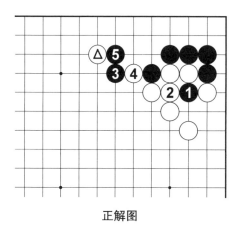

正解图

正解图（自得）

黑1先手叫吃手法细腻，做好了弃掉四路之子的准备。

接着黑3跳出头，不仅是步子的多一路，更是思维的进一步。

白4当头叫吃，黑5挡，以撞伤白△子而自得。

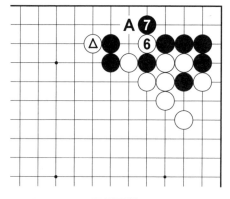

正解图续

正解图续（不惧）

白6提，黑7扳渡，局部暂时告一段落。

至于白A位扳下挑起劫争，因白负担不轻且是后手劫，黑没有畏惧的道理。

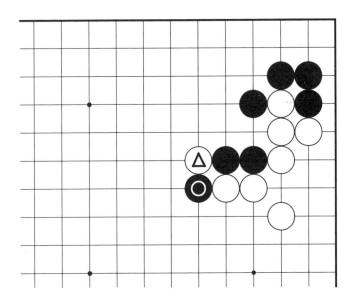

问题图（调整心态）

　　黑⦿子扳无理，白△子断严厉，黑气紧弱点太过明显。

　　黑先，请调整心态，站稳脚跟，才有机会翻盘。

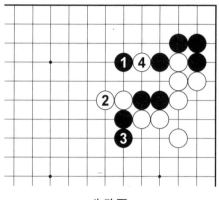

失败图

失败图（沉迷）

黑1跳，心态还是不端正，沉迷于棋形潇洒。白2、黑3交换后，危机已悄然降临。

白4挖，黑已无合适的应手，难道放弃中间两子棋筋吗？

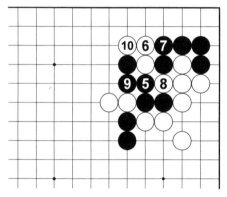

失败图续

失败图续（不能承受之重）

不甘心棋筋被擒，黑5上打顽抗，心情倒是可以理解。

但至白10拐，角上和中间无论哪边被吃，都是黑不能承受之重。

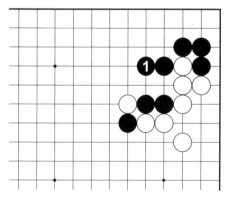

正解图

正解图（自勉）

黑1并，承认问题图中黑⬤子扳过分，积蓄力量待机而动。

以下作战肯定是白有利，黑只能以这句诗自勉——江东子弟多才俊，卷土重来未可知。

第 31 题

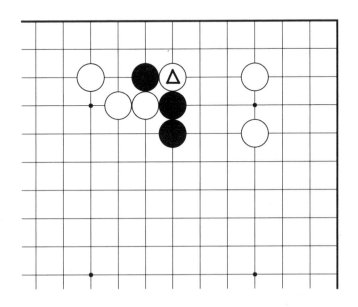

问题图（同样，不同）

本题和攻之篇第6题黑白相反，棋形有类似之处，白冲断同样无理。

因边上窄了一路，同时无忧角变成单关角，后继下法大有不同。

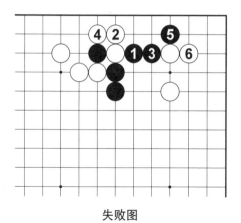

失败图

失败图（到位，不到位）

黑3顶对先手的利用到位，白4拐吃必然，但黑只能满足于5位扳得不够深入，因6位夹不能成立。

作为反思，黑1对先手的利用不到位。

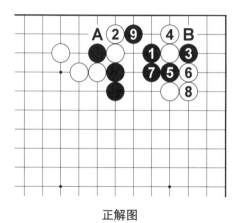

正解图

正解图（不走尽）

黑1单碰，不走尽左方变化，白2补后，现在黑3夹深入成立。

对白4立，有黑5挖，至黑9尖，A、B两点白必失其一。

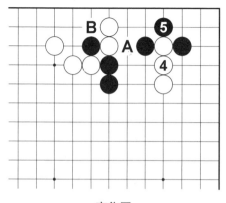

变化图

变化图（保留）

白4粘，黑5渡毫无问题。

和失败图相比，因黑A白B没交换而保留其他变化，白无法拿黑两个断点做文章。

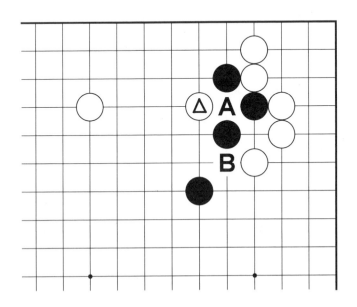

问题图（新思路）

　　白△子刺是有心计的一手，黑如下A位粘，白就B位冲断。白如不下刺而直接冲断，黑一路打下去弃子即可，白不便宜。

　　理清了以上思路，黑先，请展示新思路。

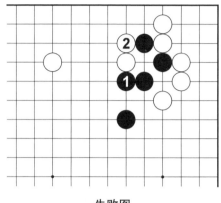

失败图

失败图（期待）

黑1压，自有其期待——期待白断，黑再反打，如此黑可满意。

白2夹过，让黑希望落空。白完整得到边上的实空，而黑漂浮在外，相当无趣。

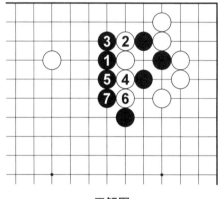

正解图

正解图（摁住）

黑1旁靠，关键是摁住白子的头，让其沿着黑设计的轨道前行。

至黑7挡止，黑弃三子而破白边空，并和白边星一子形成互攻之形，摆脱了单纯逃孤的被动局面。

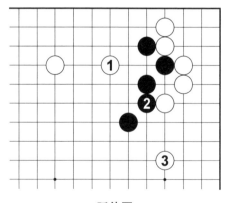

延伸图

延伸图（缓攻）

回到问题图白△子刺前面，白1拆是本手，缓攻胜于急攻。

黑2贴，白3顺势在右边拆二，两边得利。

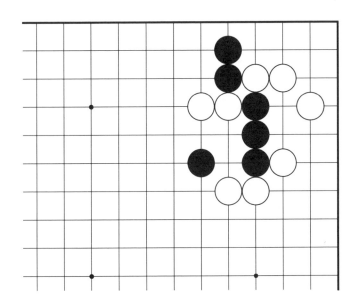

问题图（决定因素）

黑上下两片棋都处于险境，弃子是唯一的选择。路线确定后，人才就是决定的因素；同样，思路确定后，手法就是决定的因素。

黑先，请参照上题，谱写弃子蓝图。

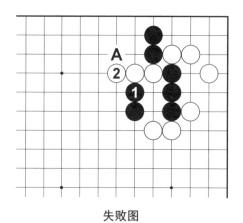

失败图

失败图（接受，不能接受）

黑1双救助中间三子，凑白2挺头，边上两子被吃可以接受，但不能接受被大规模吞吃。

黑1如A位跳救边上，凑白2位压，中间三子被吃可以接受，但不能接受被大规模吞吃。

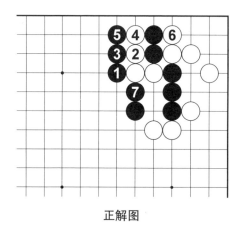

正解图

正解图（按照导航）

黑1当头一靠，延续了上题的思路和手法，白不得不按照黑的导航而行。

至黑7顶补，黑弃子战术显然成功。

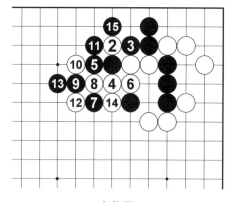

变化图

变化图（偏离导航）

白2扳偏离导航，黑竭力纠正，特别黑7枷更是苦口婆心，无奈白8冲一意孤行。

至黑15提，黑弃去中间三子，而在边上取得丰硕成果。

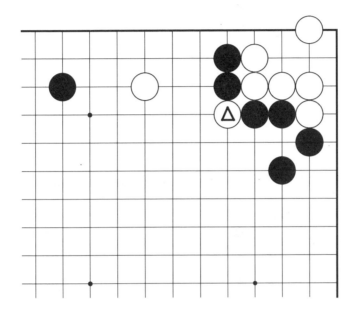

问题图（转守为攻）

面对黑薄形，白△子断，选择进攻势在必然。

黑先，此局面下有经典的腾挪手段，转守为攻也并非奢望。

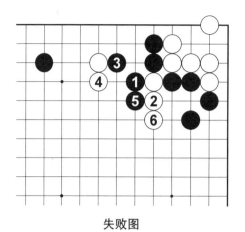

失败图

失败图（后推车）

黑1用叫吃作为先锋，开辟出逃跑的道路，俗手一枚。

至白6长，白出头在前，黑是典型的后推车，不利甚明。

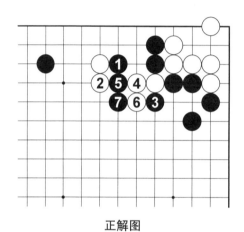

正解图

正解图（腾挪用靠）

保留两个方向的叫吃，黑1靠巧妙，简而言之，就是腾挪用靠。

白2上长正面应对，以下黑顺调出头，双方形成混战，黑毫无惧色。

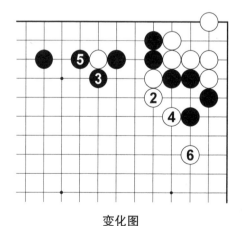

变化图

变化图（各行其是）

白2长另外一边，黑3也别无选择。以下双方各行其是，形成转换。

因为是白率先发起进攻，故本图黑也可以接受。

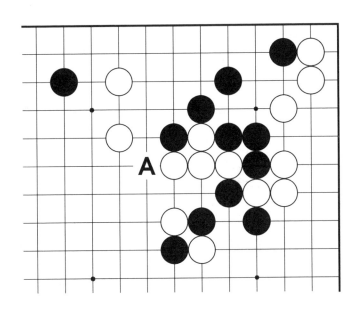

问题图（理想和现实）

黑先，因征子有利，下A位扳断是黑的理想，那如果暂时不能实现呢？

先将理想深埋心中，踏踏实实做好眼前工作，时刻准备着！

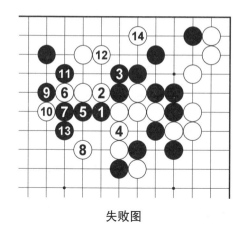

失败图

失败图（直接）

黑1扳，直接将理想转化为行动，以下黑白好几块棋纠缠在一起，局面纷乱。

终因白12双补是先手，再被白14飞到，对杀黑不利。

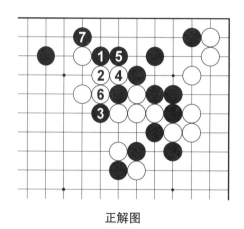

正解图

正解图（间接）

黑1碰，采用间接的迂回战术手法。待白2虎，黑3再扳，情况就发生了变化。

白4不执着于阻渡，是明智的下法，以下双方各取所需，形成转换。

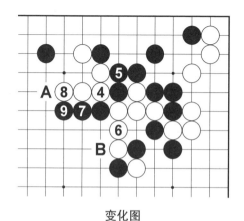

变化图

变化图（执迷不悟）

白4执迷不悟，还惦记着进攻黑。但被黑5接，白上下难以兼顾。

至黑9压，局面明朗化，黑A、B两点见合，理想终于实现了！

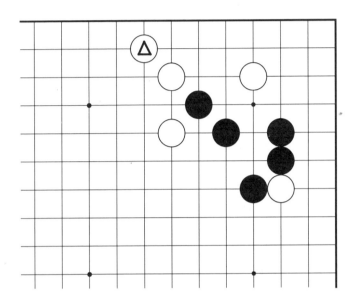

问题图（回应）

白△子向外侧小尖，效率追求已达极致，但对角上小目子难免照顾不周。

黑先，请下出尽取角地的妙手，作为对白△子尖的回应。

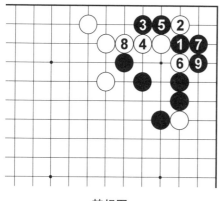

梦想图

梦想图（突发冷箭）

平淡的黑1，等的就是随手的白2。黑3点突发冷箭，将角地收于囊中。

细思之下，白2应该立，如此黑并无得益之处。

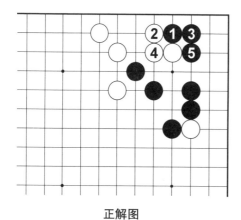

正解图

正解图（海底捞月）

黑1托，海底捞月的妙手，也是上图白2应占的要点。

白2内扳无奈，至黑5拐回，黑收获颇丰。

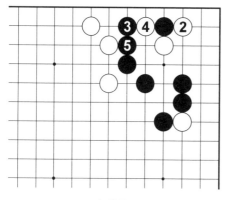

变化图

变化图（内外交困）

白2如外扳，黑3跳是分断的巧手。

白4、黑5交换后，白已内外交困，角上还需要补棋，外侧已成薄棋。

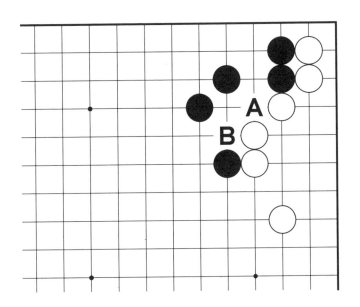

问题图（烦恼）

黑先，局部整形的问题，烦恼于A、B两点不可兼得。

黑苦思冥想之际，灵光一闪，何不把烦恼扔给白方呢？

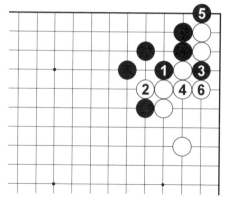

失败图

失败图（无聊）

黑1单挤没意义，白2冲必然，视觉效果就是黑无聊。

黑3、5占得些许官子便宜，不值一提。

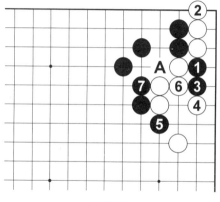

正解图

正解图（无心情）

黑1断试应手，轮到白开始烦恼，无论怎么应都要被黑便宜。白2立，是出于气势的反击。

黑5扳迫使白6团，再走到7位压，白已无心情去占A位。

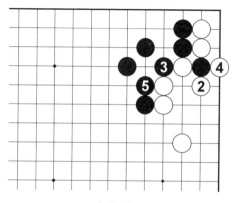

变化图

变化图（完美）

白2这样应，太过委屈，不像上图的立，毕竟目数上有所得。

黑3、5连续占到要点，棋形完美，哪怕落后手，也在所不惜。

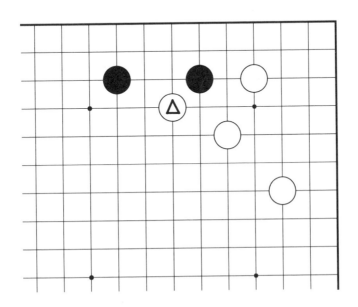

问题图（斤斤计较）

黑先，白△子飞点，无非是想先手便宜，但黑就是不肯。

斤斤计较在围棋中一般是个褒义词，双方对弈只有一个胜利者，不得不如此也。

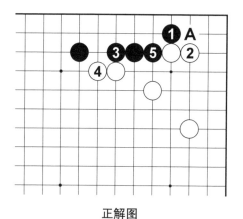

正解图

正解图（百分百）

在这一瞬间，黑1二路托，反过来要占白的便宜。

白2退是争先的应法，但至黑5顶，黑渡过的同时，还有A位爬的余利，效率百分百。

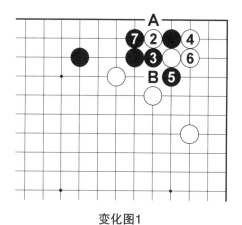

变化图1

变化图1（浓厚）

白2扳断反击，上当的感觉非常浓厚。

黑弃一子换来5、7两打，以下A、B见合，白反击毫无效果。

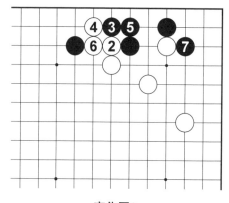

变化图2

变化图2（失血）

非要反击的话，白2冲下更为强烈。

至黑7扳止，虽说是一种转换，但白角地被如此蹂躏，失血太多，很难在外围得到补偿。

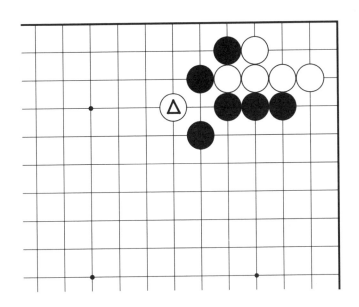

问题图（细腻）

白角将活未活之际，白△子刺意图先手便宜，手法细腻。

黑先，哪怕没有完全读懂其含义，只要反击成立，就不肯乖乖听话。

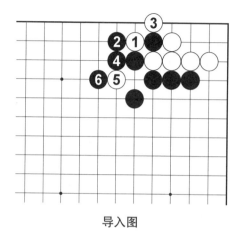

导入图

导入图（当之无愧）

白1、3直接二路打拔，彻底安定白角。但白5再刺，黑当然扳，岂肯粘补？

所以问题图中白△子刺，细腻之说，当之无愧。

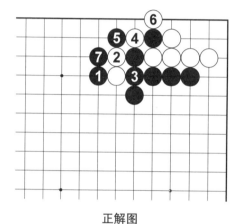

正解图

正解图（卷入）

黑1旁碰，令白猝不及防，只想先手便宜，却被强行卷入。

无论白2是下冲还是上冲，黑3都是接最稳妥。白4断打，是因黑下此处是先手。至黑7征子，黑当可满意。

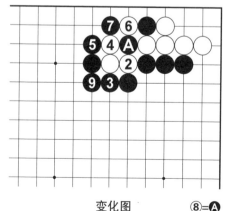

变化图 ⑧=Ⓐ

变化图（大局不亏）

白2直接断生猛，前提是白征子有利，加作战配置有利。

黑3以下连续叫吃，弃子封紧外围，大局不亏。

第 40 题

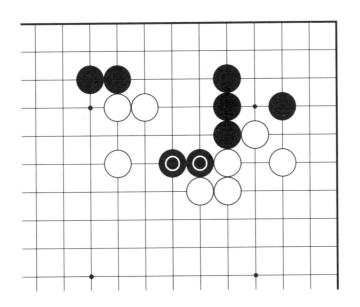

问题图（巧思妙想）

黑先，别把问题想得太简单。

单单边上连回当然很容易，要同时确保黑◉两子不被割下，还是需要点巧思妙想的。

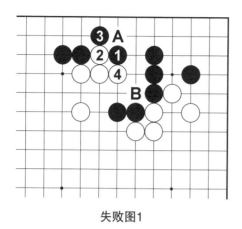

失败图1

失败图1（无法兼顾）

黑1硬跳，只顾边上，白2、4连冲，简单破阵。

A、B两点黑无法兼顾，就是白成功无疑。

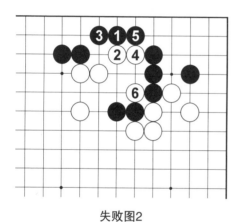

失败图2

失败图2（软，硬）

黑1软飞，企图避开黑的利用；白2硬尖，紧缠不放。

黑3退，软过头，有白4先手顶，白6断就可以成立。

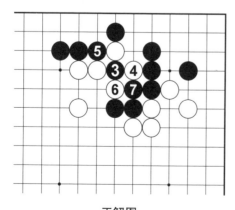

正解图

正解图（两全其美）

黑3挤小尖，盯住了白形唯一的弱点，也就抓住了唯一的机会。

妙手一出，以下只是例行公事，总之黑得以两全其美。

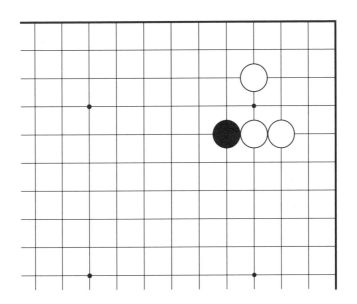

问题图（别想太多）

画面上黑就单独一子，面对白三子。

黑先，别想太多，无非是借劲腾挪而已，轻灵是第一要诀。

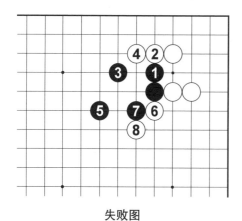

失败图

失败图（正儿八经）

黑1长，黑3跳，正儿八经出动，还真把自己当回事。

至白8连扳止，黑除了走重自身，收获一队孤棋，再无所得。

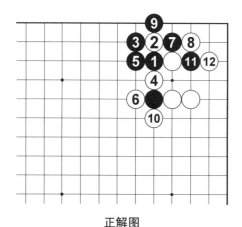

正解图

正解图（心态好）

黑1靠，心态好得多，腾挪前提是敌强我弱，腾出位置挪动位置都不介意，只要有个位置就行。

白2扳，黑3反扳，白给黑安排了边上位置，黑彻底安定，哪有不满。

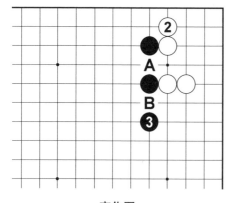

变化图

变化图（随意）

白2立忍耐，不肯给黑借劲腾挪，但本身总是被占便宜。

黑3跳是有趣的一手，A、B两挖请白随意，只要肯被我先手提子。

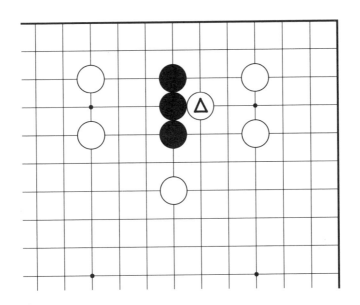

问题图（目光所至，心之所向）

除了白△子让画面稍有违和感，大体上就是左右同形。

黑先出头，相信自己，您的目光所至，就是心之所向。

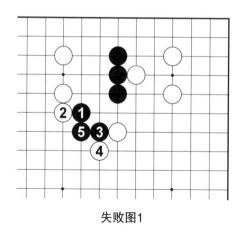

失败图1

失败图1（钻出）

黑1从左边飞，硬要从狭缝中钻出。

白2先贴、白4再扳是好次序，黑3、5竭尽所能，出头还是算不上舒畅。

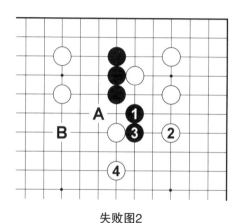

失败图2

失败图2（羊肠小道）

黑1在右边尖，走的还是羊肠小道。白2、4两跳分寸恰当，徐图攻击之利。

黑1如在A位尖，则白B位跳，大同小异。

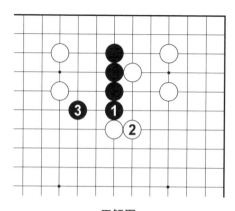

正解图

正解图（金光大道）

黑1顶，左右同形走中间，视觉和境界的完美统一。

无论白2长哪边，黑3就跳另外一边，而踏上金光大道。

第 43 题

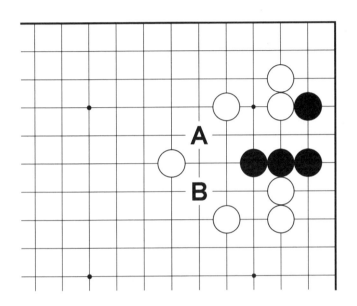

问题图（升级版）

本题是上一题的升级版，还是黑先出头的问题。

只不过，白的防守也有出彩之处，值得一学。

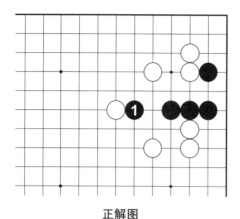

正解图

正解图（定格）

黑1碰，只此一手。

将此手定格，请思考白最强下法，提示——同理可得。

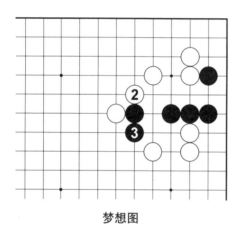

梦想图

梦想图（愧对）

白2扳这边，唯一的理由是认为边上价值大于中央。

但就这样让黑3长顺畅出头，愧对本题升级版之说。

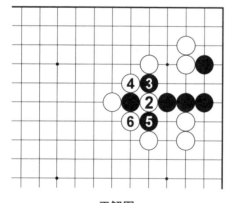

正解图

正解图（同理）

黑第一手是左右同形走中间，证明白2挖中间的合理性，就是同理可得。

白6强行包打，天下大劫即将上演。

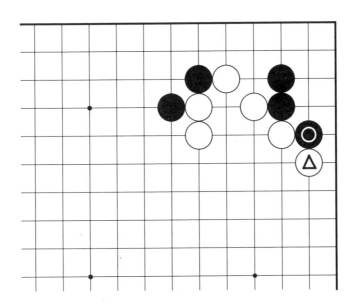

问题图（与时俱进）

黑先，黑◉子扳求活，白△子连扳号称强手。

理论与时俱进，研究表明，黑有破解之策。

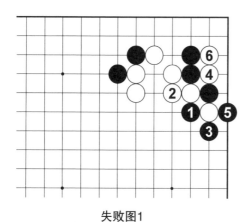

失败图1

失败图1（吃瓜观众）

黑1叫吃一出手，后面就再无变化，形成转换黑亏损。

此时再看黑左边两子，成了看热闹的吃瓜观众。

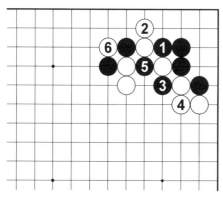

失败图2

失败图2（突兀）

保留两边叫吃，黑1单挤有境界。白2立下虽有突兀之感，但整体强硬的方针始终如一。

至白6形成转换，黑角局部不活，白强手成功。

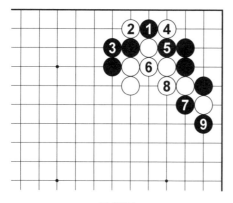

正解图

正解图（无奈）

黑1二路扳，通过弃子将左侧两子的作用发挥到极致。

以下请体会白6粘的无奈，就可知道黑之成功。

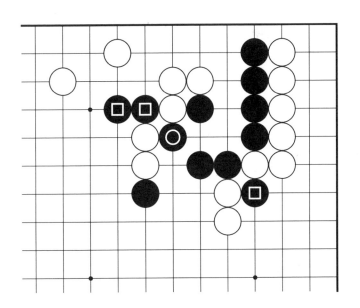

问题图（互动）

黑◎子是个软头，使黑束手束脚，行动受到限制。

黑先，单纯逃跑没意思，和两侧黑■子形成互动才有意思。

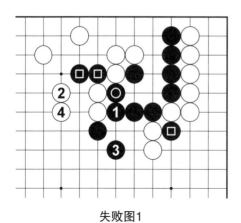

失败图1

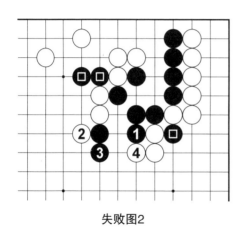

失败图2

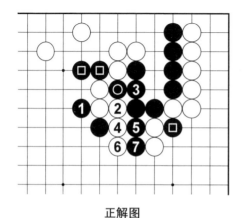

正解图

失败图1（升级，降级）

黑1团，使黑◉子由软头升级为硬头，但马上降级为愚形，这番折腾！

黑3虎后，出头倒是顺畅，但两侧的黑◉子已是无声无息，再无波澜。

失败图2（策动，断送）

黑1拐，企图策动右侧黑◉子。白2扳、白4拐，黑形已崩。

黑3如于4位压又不肯，否则白长后，黑就不是策动，而是断送黑◉子。

正解图（激活）

黑1扳，不以黑◉子软头为意，就让白2叫吃，黑顺调行棋。

至黑7冲，黑势不可当，两侧残子均被激活。局面为之而生动。

攻守篇

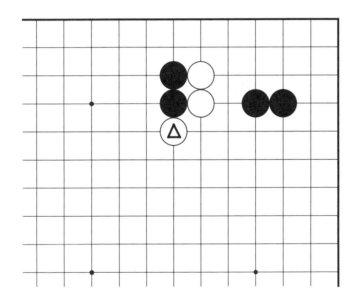

基本图（攻守两端）

黑白各两子，紧贴纠缠的局面，白△子扳首先发力。

黑先，请兼顾攻守两端，下出恰如其分的应对。

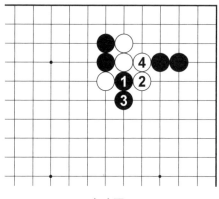

失败图1

失败图1（攻）

黑1切断，有攻无守，鲁莽之举。

白4粘出头，黑角被碰伤，导致攻击无以为继。

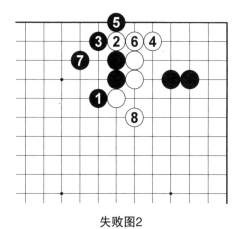

失败图2

失败图2（防）

黑1上扳，有守无攻，懦弱之作。

白2下扳破坏黑形，非常实在，后期作战黑不利。

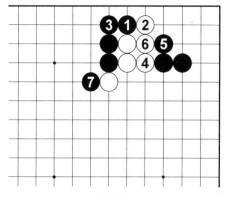

正解图

正解图（攻守）

黑1下扳，攻守兼备，大智大勇。

趁白缩成一团之际，黑7再扳到此处，局面已转为黑主动。

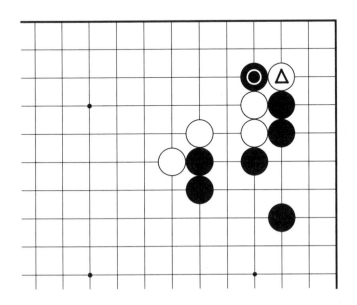

基本图（难分轩轾）

黑◉子和白△子互断的棋形，居然还轮到黑下，幸福来得太快。

黑先，有两种方法对白予以打击，难分轩轾。

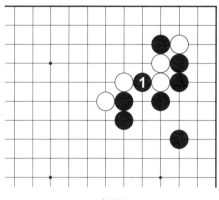

正解图1

正解图1（挡不住的诱惑）

黑1挖大秀手筋，是难以抵挡的诱惑。

先不论实际效果，只因能展现这个手段，心情太愉快。

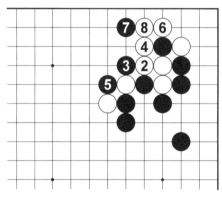

正解图1续

正解图1续（得意之处）

黑3断打是连贯的手段，至白6提，双方必然。

黑7跳成为先手封锁，更是黑得意之处。

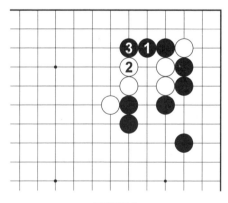

正解图2

正解图2（长效机制）

黑1长取角，非常实在，对白2双，黑3爬紧紧跟上。

角地已归黑所有，还能攻击外围白子，虽不如正解图1淋漓畅快，却胜在长效机制。

第 3 题

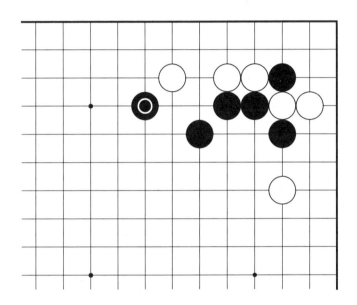

基本图（彰显）

　　小目一间高挂一间低夹定式的变化，和普通定式相比，多了黑◉子飞压。

　　与其相对应，黑先要下出更有利的变化，以彰显黑◉子的存在。

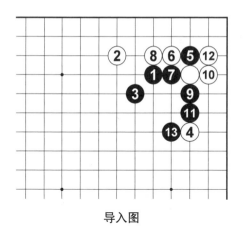

导入图

导入图（标准下法）

黑1一间高挂白小目角，白2一间低夹，黑11顶正确，白12补，黑13扳完成定式。

和问题图相比，没有黑◎子时，这是定式的标准下法。

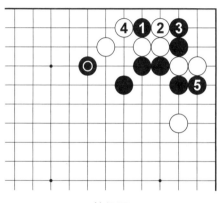

梦想图

梦想图（存在感）

黑1夹是局部的妙手，总要让黑◎子有存在感。

白2拐上当，黑3顺势贴，白4必补，黑5吃住白两子，白大亏。

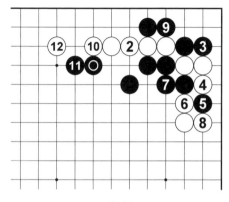

正解图

正解图（苦肉计）

白2粘应对得当，以下依靠黑5的苦肉计，黑得以在角上做活。

进行到白12跳，双方展开正常作战。

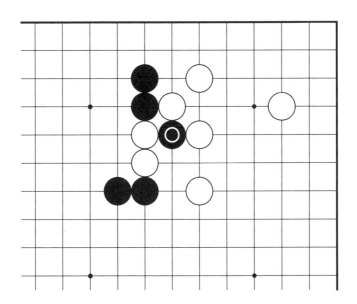

基本图（人尽其才）

黑先，局面的焦点无疑是封锁。

如何让黑◉子人尽其才，发挥最大效应，是黑为之煞费苦心的。

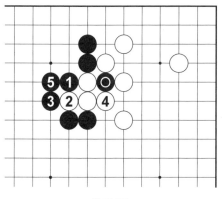

失败图

失败图（踪迹全无）

黑1扳封锁，对棋形的观察停留在表面，不够细致入微。

以下至黑5接定型，是相当普通的进行，手筋踪迹全无。

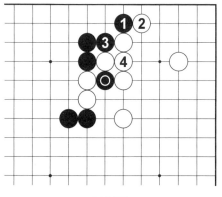

正解图

正解图（郁闷，得意）

黑1托、黑3打先在边上定型，是基于对棋形的深刻理解。

白4此时不能提，只能粘，是白郁闷而黑得意之处。

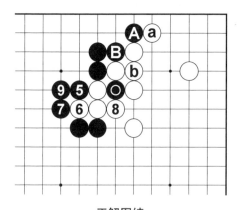

正解图续

正解图续（春蚕到死丝方尽）

黑回头转于5位扳封锁，至黑9接定型。和失败图相比，边上多了黑A、白a和黑B、白b的交换，无论是眼位还是目数，黑都得便宜。

我们不禁要为黑◉子送去赞美，春蚕到死丝方尽。

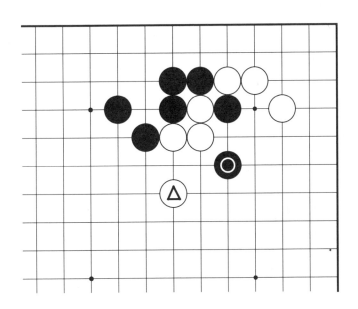

问题图（礼物）

　　黑⊙子出动手法并不好，不过因此而引发白△子跳的失着，这不就是围棋魅力所在吗?

　　黑先，请抛开冷冰冰的AI胜率，尽情享受白馈赠的礼物吧!

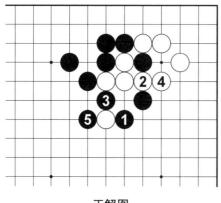

正解图

正解图（脉门）

黑1虽是尖，可以归类到靠单手筋之列，此手一出，白犹如脉门被扣住，半身不遂。

至黑5的结果，白送出的礼物，价值不菲。

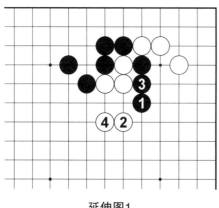

延伸图1

延伸图1（反思）

反思问题图中的白△子，应如本图白2，同样是跳，只差一路，却应了那句"失之毫厘，谬以千里"。

至白4双，白棋形挺拔坚实，黑作战不利。

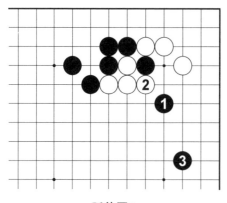

延伸图2

延伸图2（再反思）

再反思问题中图的黑⚫子，应如本图黑1，若即若离才让白难受。

白2拐吃是本手，黑3大致如此拆边，这是双方正常进行。

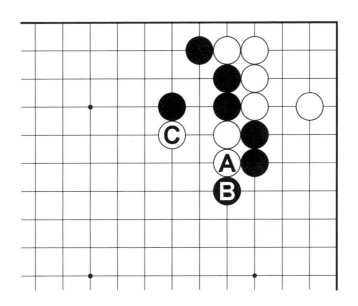

问题图（简单，不简单）

白A压，黑B扳，白C靠大失水准。

黑先，有简单的手筋可解决问题。

如要读懂白的心路历程，追究失误根源，可并不简单。

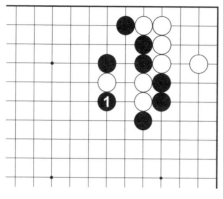

正解图

正解图（螃蟹之夹）

黑1既是靠单的手法，也是螃蟹之夹，白两子棋筋动弹不得。

回头想想，为何前一手，白会下出如此拙劣的着法。

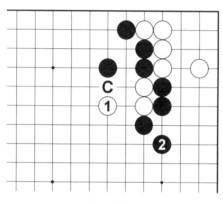

延伸图1

延伸图1（压力）

白1跳形状毫无问题，但黑2虎后，两边黑均为有根之形，独留白在中间独舞。

原来问题图中白C靠，是想给上边黑施加压力，但操作不当，遭到黑的反弹。

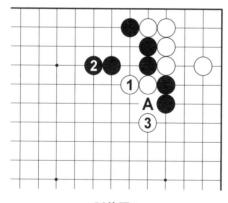

延伸图2

延伸图2（重心）

打破砂锅问到底，问题根源在白A压，搞错了作战的重心。

白1长方为正着，黑2并是有利作战的补断方法，白3位跳压迫，作战正常进行中。

第7题

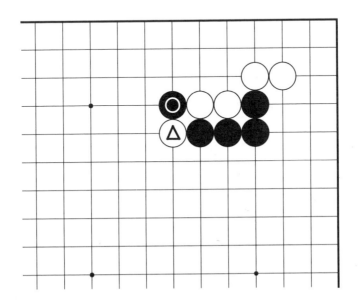

问题图（挑衅）

从棋形分析，应该是白△子在断黑◎子，主动挑衅。

是可忍，孰不可忍，轮到黑下，不拿出点着反击，还真会被白看轻。

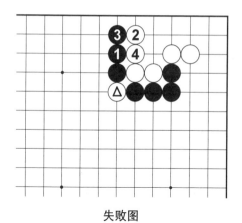

失败图

失败图（本手，俗手）

黑1立太本分，白2跳角部棋形舒展，倒让白△子断得意。

黑1之误在于徒有本手之表，未考虑外围互断的具体情况，而落俗手之实。

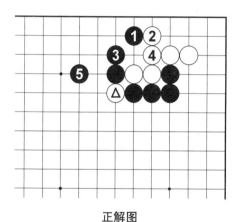

正解图

正解图（理智）

黑1飞点，可不是非分之想，只有如此才配得上反击这个词。

白2虎顶，甘于角上棋形萎缩，保留了最后一丝理智。

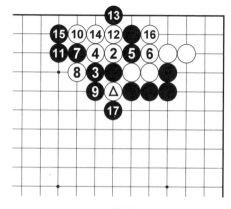

延伸图

延伸图（正中下怀）

白2强行，这种着法正中黑下怀，以下手数虽多，并无特别需要讲解之处。

至黑17提，当初白△子断，存在于这个画面，除了增加屈辱感，并无他用。

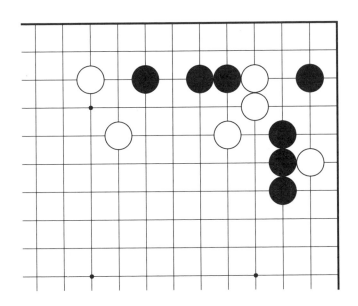

问题图（只此一手）

黑先，边上三子如何出头的问题。

出头方法有好几种，但如果考虑到和右边白子的对攻问题，正解就是只此一手。

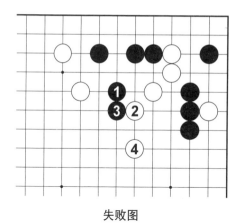

失败图

失败图（猴脸）

黑1小飞，是猴脸的出头常形，胜于安全，失之效率。

白2尖、4跳，出头速度快黑一步，足以在作战中占据优势。

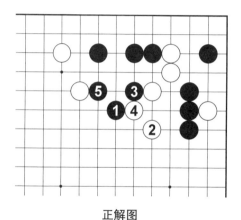

正解图

正解图（马脸）

黑1大飞，是马脸的出头常形，优在高效，劣于薄味。

白2跳，不敢挑起争端。至黑5虎以好形完成出头，黑成功。

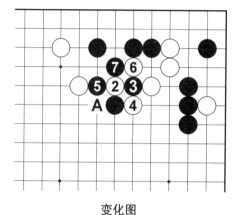

变化图

变化图（拼命）

白2搭是拼命的下法，局部黑3挖、5打即可化解。

至黑7打住，白8如不敢在A位断打，挑起后手天下劫，岂不成虎头蛇尾乎？

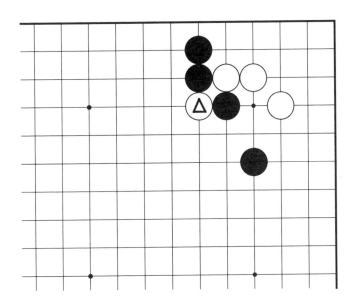

问题图（整暇以待）

白△子断对黑威胁不算大，轮到黑下，黑尚有余裕整暇以待。

如果非要在围棋中找到这个"整"，那应该是整形。

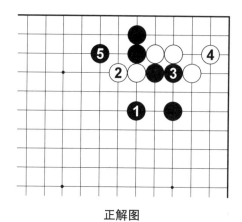

正解图

正解图（不慌不忙）

整暇以待的意思是，整理空闲的时间，等待某人或某物的到来。

黑1跳不慌不忙，等白2长，黑3挤先手整形，再于5位跳，过程流畅。

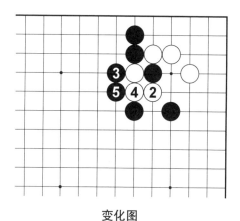

变化图

变化图（违背本意）

白2如抱吃黑一子，就和当初断的本意相违背。

被黑3、5封锁，白大局不利。

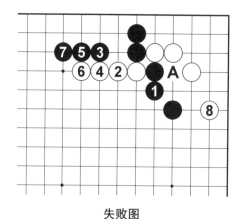

失败图

失败图（过期作废）

黑1长棋形呆板，毫无生气。

至白8飞止，虽是正常作战，但黑A位挤的先手已经过期作废。

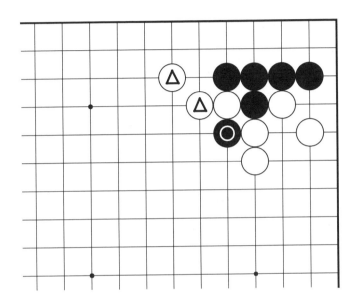

问题图（刺）

黑⊙子是白外势上的一根刺，换而言之，白外势没有想象中那么厚。

黑先，此时出动时机已经成熟，白受制左侧小尖形之弱点，无法组织起强有力的进攻。

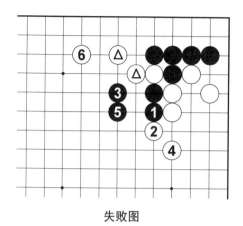

失败图

失败图（孤帆一片）

黑1压强不压弱，看上去没毛病，至白6双方各自补形。

结果是白两边都走到，而黑中间棋形虽然坚固，但终究是孤帆一片。

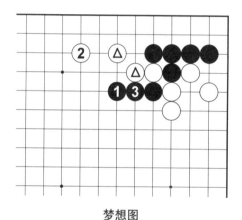

梦想图

梦想图（棍子）

黑1单跳是令人炫目的手筋，白2单拆是被其晃花了眼睛。

黑3接成一条棍子，是双方短兵相接时的最佳棋形，使白△子小尖形的弱点暴露无遗。

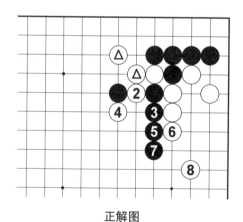

正解图

正解图（速度加快）

白2冲出是正应，至白8飞出，是两分的结果。

黑顺势出头，速度加快，优于失败图中摆个双的造型。

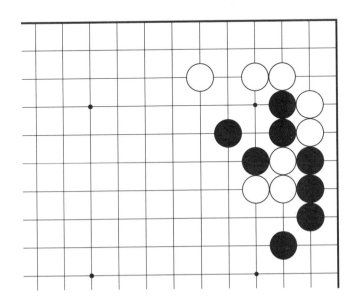

问题图（招牌动作）

黑先，中间黑四子和白三子对攻的局面。

黑的下一手，可以再现黄飞鸿的招牌动作，以不动如山之势，向对方招手，来吧！

失败图1　　　❺＝②

失败图1（踉踉跄跄）

黑1虎扳，急于攻击对方，而不顾自身踉踉跄跄。白通过滚打，使黑成一团凝形。

至黑7接，白已在左边获得便宜，哪怕放弃白△三子也不吃亏。

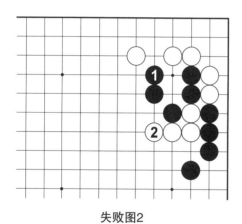

失败图2

失败图2（内侧）

黑1直并，防止被白滚打，但子力偏向内侧。

白2挺头，在作战中争得正面，优势无疑。

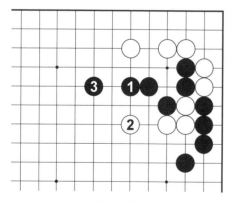

正解图

正解图（外侧）

黑1横并，犹如黄飞鸿站好马步，静待对方出招。

白改于2位跳，因黑1子力偏向外侧，黑3再跳即可，在作战中争得正面，优势无疑。

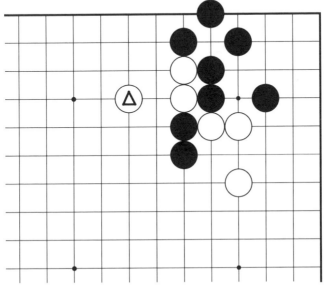

问题图（愉快）

白△子跳在四路高位，注重和中间黑两子的对攻，对边上就难免照顾不周。

黑先，对攻之前能先捞一把，是很愉快的事情。

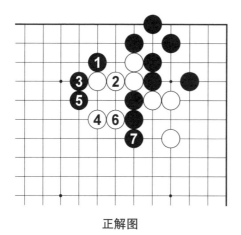

正解图

正解图（靠单不靠双）

黑1即所谓靠单不靠双，白2接忍耐正确。

黑3扳，至黑7顺势长出，是良好的作战步调。

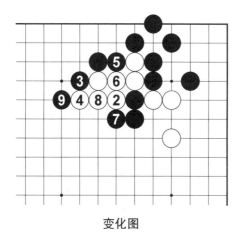

变化图

变化图（苦不堪言）

白2虎，本意是对黑中间两子施加压力，但效果是自加压力。

至黑9扳，白成笨重之形，苦不堪言。

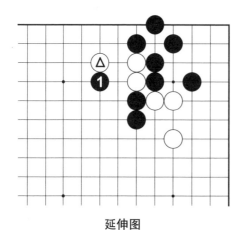

延伸图

延伸图（重心）

白△子如跳在三路，因黑角坚实，白作战的重心已然不对。

黑1还是靠单，白势必被压迫在边路，窘迫难免。

第 13 题

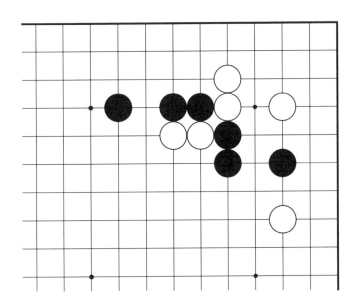

问题图（先下手为强）

白角没问题，外围是黑白各两块棋互相分断作战的局面。

轮到黑下，要好好给白解读，何为先下手为强。

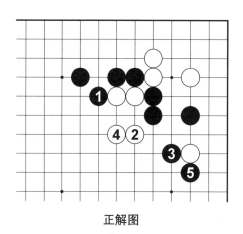

正解图

正解图（希望）

黑1虎鼓棋形饱满，是绝对的好点。白2跳是形，同时也预料了黑3之靠单。

白4做出双的好形，寄希望于和上边黑子的纠缠。

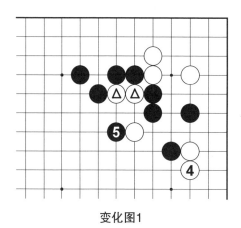

变化图1

变化图1（无理）

白4如退，拉出边上一子无理。

黑5靠单，白△两子棋筋已无法逃脱，白更加不利。

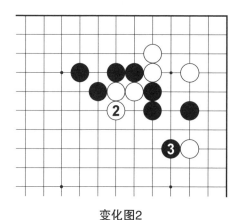

变化图2

变化图2（压强不压弱）

回头看正解图，白2愚形曲顽强，固然可以化解黑的靠单手段。

黑3靠不变，有压强不压弱之意，作战还是白不利。

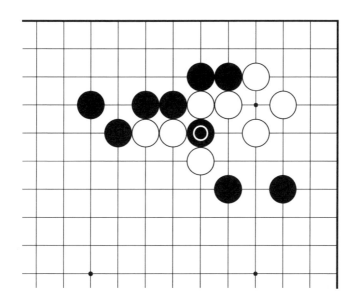

问题图（合龙）

黑先，封锁白角。

大坝从两边施工，截流封口合龙，就差最后一步。黑◉子是为截流投下的一块巨石，会起到关键的作用。

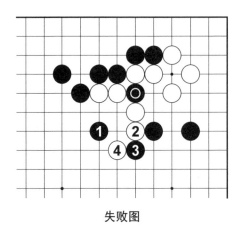

失败图

失败图（洪水泛滥）

黑1飞罩，是普通的感觉。白2压、白4扳，势不可当。

一旦合龙不成功，洪水泛滥可不得了。

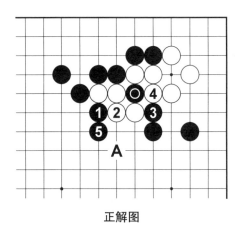

正解图

正解图（情理之中）

黑1叫吃，意料之外；作为试应手，情理之中。

白2团，则黑3冲使白成假眼，黑5再长，顺利合龙。

白2如单提，黑A位飞，也可以完成封锁。

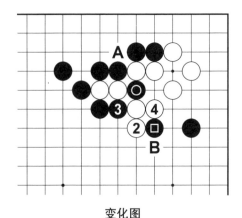

变化图

变化图（先手得利）

白2压出，不甘心被封锁，那么黑3提先手得利不小，顺带补好了A位的断点。

同时，黑●子已变轻，黑下一手可径直拆边，不一定下B位长。

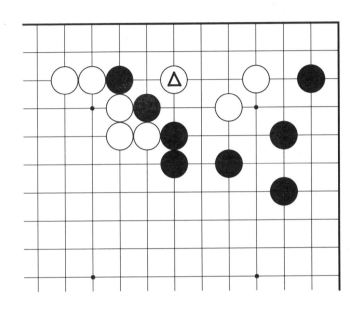

问题图（不得安心）

白△子飞点，是盘渡的手筋，以为就此安心。

黑先，请深入计算，让白不得安心。

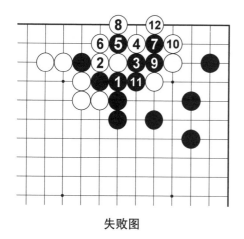

失败图

失败图（再无波澜）

黑1接，和白2交换，失去种种变化，此处再无波澜。

黑3以下虽竭力冲击，还是无法有大的收获。

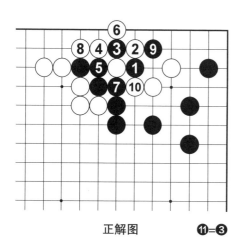

正解图　　**⑪=❸**

正解图（天翻地覆）

黑1跨手筋，白2应以下扳，黑3扭断，将白阵搅得天翻地覆。

黑9扳再出强手，劫争是双方最佳应对。

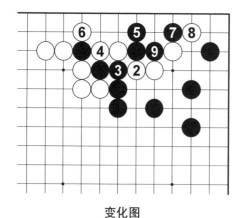

变化图

变化图（抵抗不力）

白2如冲，抵抗不力，因黑有5位曲的好手，使白6无法紧气。

黑7托后，黑9挤，轻松杀白。

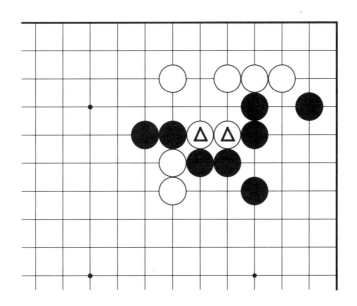

问题图（文章）

外围黑横二和白直二互相分断，典型的对攻局面。

黑先，看到白△紧气二子头，目光自然会投向上边，此处有文章可做。

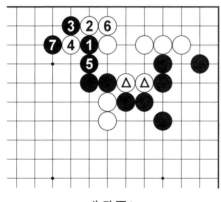

失败图1

失败图1（不爽）

黑1靠是好感觉，但黑3连扳稍有问题。

被白4打成愚形，黑已经不爽；以后白还有引征之利，黑更加不爽。

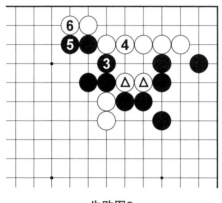

失败图2

失败图2（松缓）

那黑3顶如何，盯着白△紧气二子头。白4接，若非劫材相当有利，黑5只能长。

白6能爬到，黑的下法就暴露出松缓的弱点。

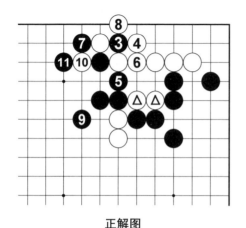

正解图

正解图（强制定型）

黑3扭断是强制定型的手筋，白只能忍受黑5、7两打。

黑9尖回头攻白，白10断打也因黑11反打，而宣告无效。

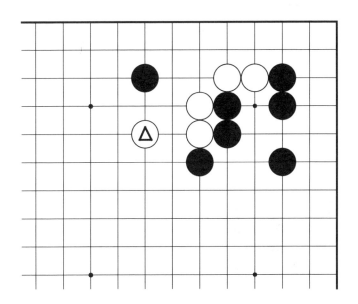

问题图（漫不经心）

白△子漫不经心的一跳，给了黑绝好机会。

黑先，有分断攻击的锐利手段，不可错过！

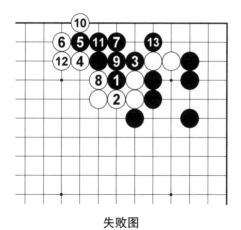

失败图

失败图（软头）

黑1尖、黑3虎，达到分断目标，但总有软头之嫌。

白4、6是强烈的反扑，最终的结果，说成黑吃子成功，倒不如认定为白弃子成功。

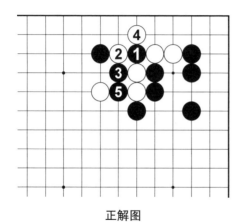

正解图

正解图（干净利落）

黑1直接断、黑3卡断，手法干净利落。

白边上如何处理，黑先不去计较，至少白外围一子被断，已经是清清楚楚。

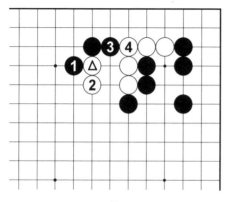

延伸图

延伸图（一路之差）

问题图中白△子跳，应如本图，低一路靠出头。

围棋的胜负就在于一路之差，人生的成败就在于一念之差。

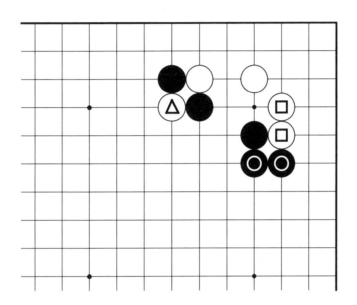

问题图（冒充）

白⓪子断，冒充高目托断定式，没注意到右边多了白回子和黑●子的交换。

黑先，已敏锐地观察到白角变重，3·15打假行动也随之展开！

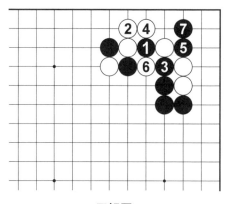

正解图

正解图（明确）

黑1先手打后，黑3挤目标非常很明确，就是要吃角。

白4多半只能如此，黑得角获利甚大。

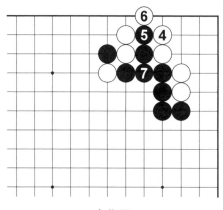

变化图

变化图（惨不忍睹）

如问题图所言，白角变重的意思就是难以舍弃，所以白4立企图撑住。

黑5一冲两断点，加上角上原有的一个断点，白形惨不忍睹。

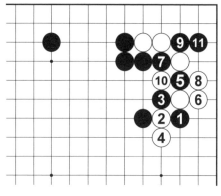

延伸图

延伸图（眼熟）

这是小目高挂托退定式的后续变化，可以视为中盘定式。

对黑1靠，白2挖反击，以下黑5打、黑7挤的定型手段，太眼熟了吧。

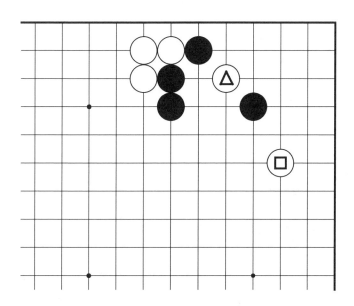

问题图（借刀杀人）

白△子点入，自诩为锐利，它怎么都想不到，会连累白回子兄弟部队。

黑先，以借刀杀人之策，可转守为攻。

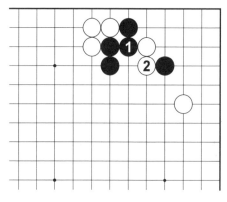

失败图1

失败图1（僵化）

你点我就接，黑1如此听话，思路僵化。

白2冲出，黑形七零八落，难以善后。

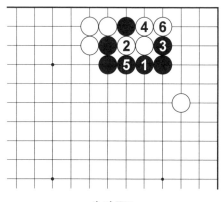

失败图2

失败图2（灵活）

黑1上压，弃子的思路相当灵活，就放任白2断。

黑3挡角，弃子的手法不够精准，白6能拐到，黑角不安。

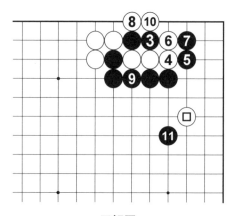

正解图

正解图（细节）

黑3爬多弃一子，大大完善了借刀杀人之计的细节。以下至白10提，双方必然。

先手走厚自己后，黑11挥刀直指白⊡子，整个过程天衣无缝。

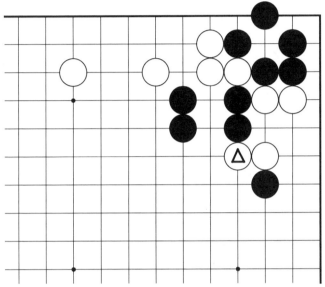

问题图（毫不逊色）

被白△子穿出，黑有裂形的嫌疑，需要重整旗鼓。

黑先，固然有巧妙的进攻手段，白之防守毫不逊色，一攻一守颇为精彩。

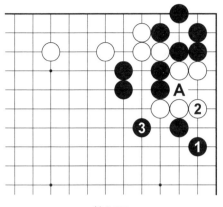

梦想图

梦想图（攻强守弱）

黑1尖是精彩的进攻，以A位冲断牵制白出头。

白2立是平庸的防守，黑3跳封锁，白难有作为。

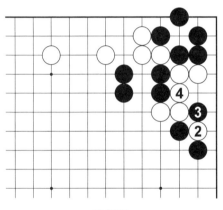

正解图

正解图（攻防到位）

白2挤是精彩的防守，以弃子紧气牵制黑封锁。

黑3断打，白4顺势而接，双方攻防到位。

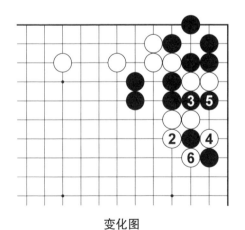

变化图

变化图（明快）

白2拐，不守之守，明快的一手。

至白6提形成转换，双方都可以接受。

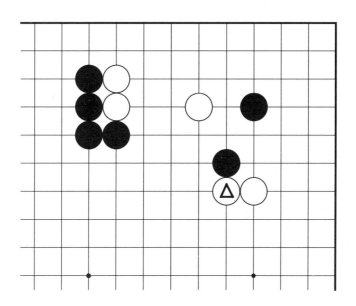

问题图（忙里偷闲）

上方白三子还未安定，白△子贴是忙里偷闲，想先便宜一把。

黑先，如何出招，不能让白称心如意。

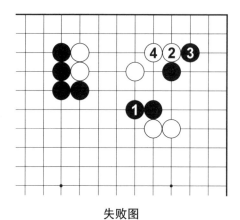

失败图

失败图（如意算盘）

黑1长软弱，被白先手便宜。白再下2、4托退，安定上边。

两边都走到，白如意算盘得逞。

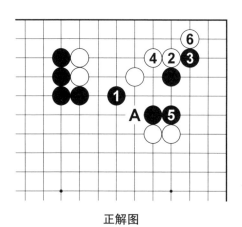

正解图

正解图（威胁）

黑1飞强硬，对上边白子的威胁性明显优于A位长。

白2、4托退不变，黑5贴、白6立各自补强自己。

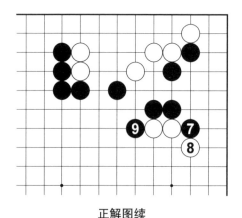

正解图续

正解图续（活力四射）

接着，黑以7、9两个方向的扳，转而进攻白另外一边两子。

请观察棋形，黑子力分布均匀，颗颗到位，活力四射。

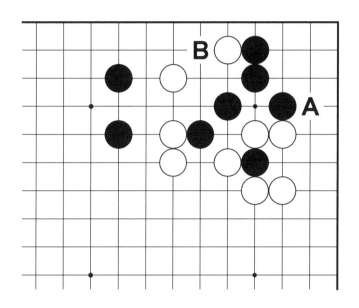

问题图（目标）

因有白A位扳，黑角棋形不够完整，又不肯单下B位夹吃一子。

黑先，请以白上边薄味为目标，解决自身角部问题。

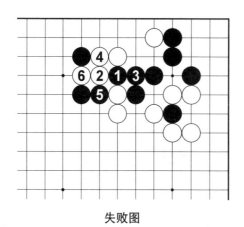

失败图

失败图（一波又起）

说到目标，黑1挖直接动手，思考方式有问题。

至白6冲，黑无法抵抗，角上风波还没平息，边上风波再起。

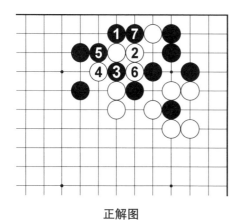

正解图

正解图（恰如其分）

黑1托，正击白小飞棋形的软肋。固定了白2的位置，黑3再挖就恰如其分。

至黑7挤渡，黑角边连成一体，再无风波。

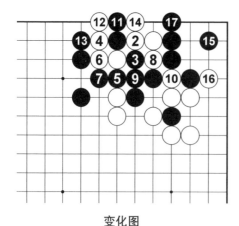

变化图

变化图（全军覆没）

白2如顶，不肯让黑连通。

对白无理行为，黑3断当然。

白10反断，黑11立多送一子是对杀常规手筋，至黑17立，白全军覆没。

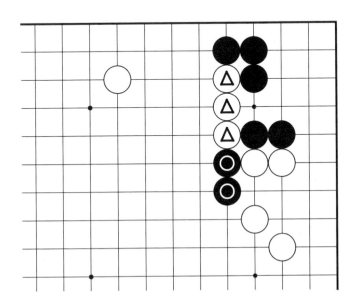

问题图（众目一致）

因出路宽广，黑●两子对白△三子，二打三毫无畏惧。

黑先，第一手形之急所，众目一致。

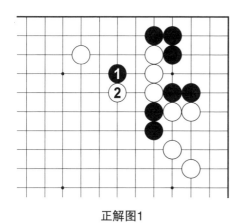

正解图1

正解图1（毫无疑问）

黑1攻于白三子正中，毫无疑问。

面对白2靠出，黑的后续手段有讲究。

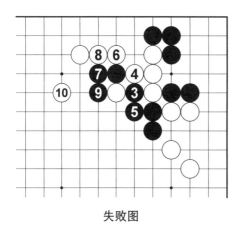

失败图

失败图（惯性）

黑3挖断出于惯性，是疑问手。

至白10飞止，黑虽然吃住一子，反倒成了受攻的一方。

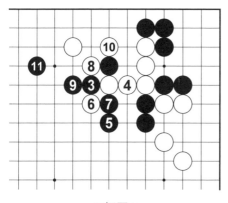

正解图2

正解图2（柔软）

黑3外扳，黑5飞，一直到黑11飞，黑行棋柔软，使白无从发力。

黑放弃当初点的一子，将子力转向外线，简明有利。

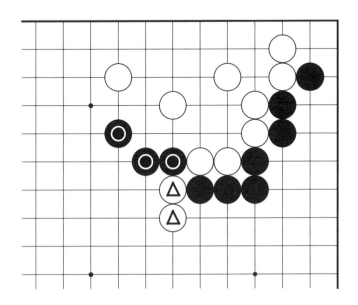

问题图（内外有别）

黑◉三子不急于和白△两子展开对攻，刀锋直指白上边空内漏洞。

黑先，要点很明确，但内外有别，先从哪里入手，效果大有不同。

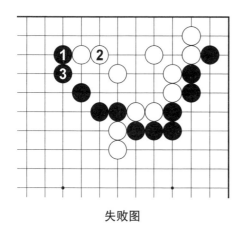

失败图

失败图（后手）

黑1外靠，手法不够细致。白2退，一手补干净。

黑3退落了后手，被白先于外侧动手，有所不满。

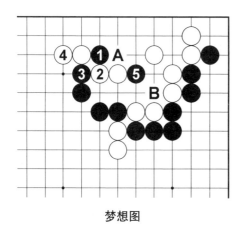

梦想图

梦想图（威慑）

黑1跨，以点方作为威慑，扩大白的伤口。

白2、4正面硬抗，黑5靠方要点一击，A、B两点见合，大成功。

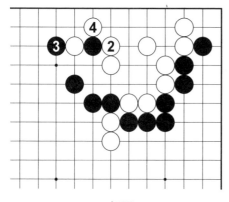

正解图

正解图（先手）

白2夹明智，虽谈不上以柔克刚，但至少可以减少损失。

黑3此时再靠，白4还得补棋，黑得到先手，这就是和失败图的最大区别。

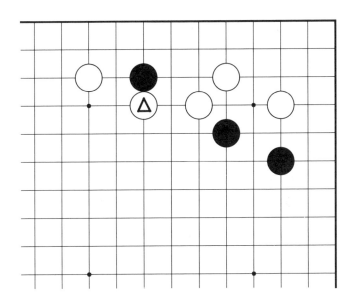

问题图（顾此失彼）

白△子靠压，强行封锁，忽视了角上的毛病。

黑先，以角边互为策应，定可令白顾此失彼。

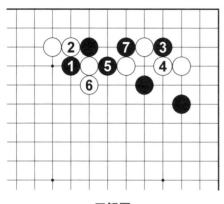

正解图

正解图（不知所措）

黑1扳、黑3跨，先手定型，不让白有回头机会。

紧接着黑5、7打了挤，出头和断打见合，白已不知所措。

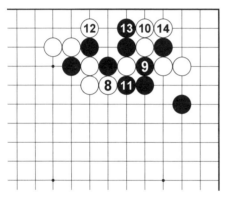

正解图续

正解图续（聊以自慰）

白8得到封头，9位断打就属于黑方，一人一个。

最终结果，黑溃围而出，白总算两边都得到处理，聊以自慰。

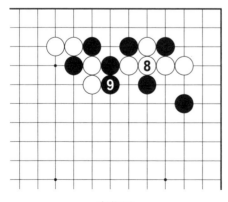

变化图

变化图（洪水决堤）

白8强行接上，黑9冲犹如洪水决堤，势不可当。

白角边七零八落，难以处理，故不如正解图。

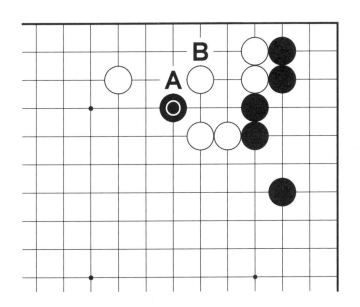

问题图（玄铁重剑）

　　黑先，别看黑 ◉ 一子孤孤单单，兵器谱上赫然在列，名曰玄铁重剑。该神器出自《神雕侠侣》，以重剑无锋和大巧不工闻名于世。

　　黑先，根据提示，A位冲还是B位托呢？

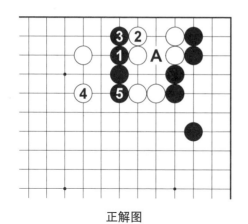

正解图

正解图（对跑）

为方便对比，直接揭晓答案，那就是黑1冲下。至黑5压出，黑白两片孤棋对跑，白边上做不出眼。

白2如不立，黑下3位立照样是先手，下步A位挖即可连通。

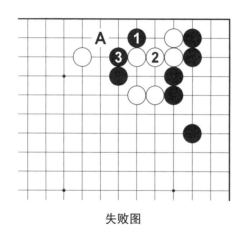

失败图

失败图（弄巧成拙）

黑1二路托，手筋味十足，算定白2只能接，再于3位拉回。

请和上图对比，就可知道黑1是弄巧成拙，这个位置太幽默——"破"了白边上并不存在的眼位，而送给对方A位刺的先手。

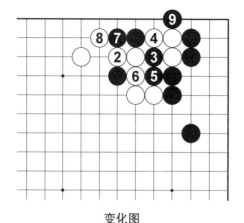

变化图

变化图（未必）

黑等的是白2长的"失着"，黑3挖时有点小激动，白掉进陷阱了！

至黑9吃子止，黑目数肯定有收获，但被白先手走厚，不要说全局，连局部都未必便宜。

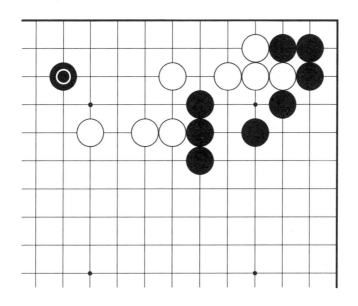

问题图（指导方针）

黑⚫子被左边三路白子二间夹，自身也未安定。

黑先，围棋十诀有一句攻彼顾我，可以作为当前局面的指导方针。

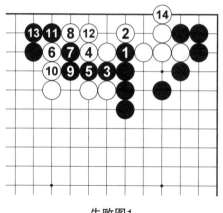

失败图1

失败图1（用力过猛）

黑1冲后，黑3以下刹不住车，用力过猛。虽然达成分断目标，但至白14立，白已成活。

再看黑自己三子，还得出头逃跑，对攻毫无优势可言。

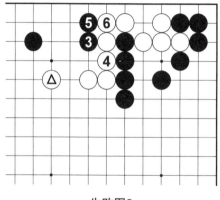

失败图2

失败图2（急刹车）

黑3夹急刹车，再用黑5先手立（先手利），总算为自己也争得些许眼位。

不过呢，白已有一只眼，更有白△子跳在前面，对攻是白有利。

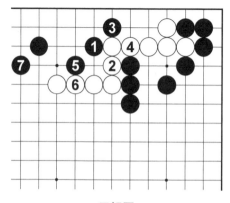

正解图

正解图（攻彼顾我）

回到问题图，黑1单靠是攻彼顾我的真实写照，黑3先手扳愉快之极。

黑5俗刺切合实际，黑7尖抢攻，黑已占据主动。

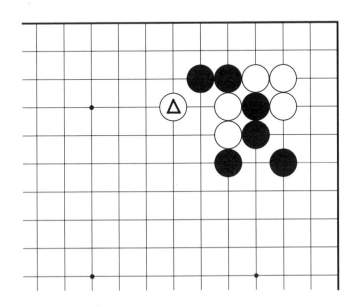

问题图（看破）

黑先，首先要看破白△子跳的意图，才能制订作战方案。

把它看成压迫，黑会误入歧途；将之视为借劲，黑可踏上金光大道。

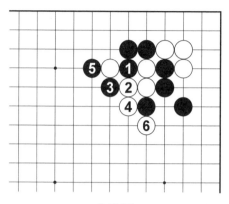

失败图

失败图（压迫）

认为是压迫，黑1、3冲断，奋起反击，结果呢？

被白6当头一棍，右边白已经是晕头转向。

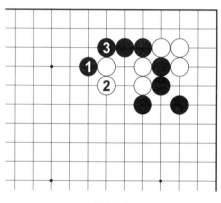

正解图

正解图（借劲）

认为是借劲，黑1旁靠，逆白意图而行。

白2退则黑3挡，在不影响右边友邻部队的情况下，安定了左边。

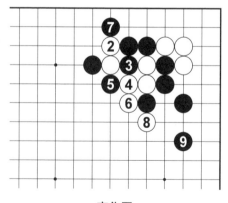

变化图

变化图（高利贷）

白2冲执意要借劲，但多送一子把白左边送厚，利息太高，简直就是高利贷。

赚了大钱，黑不再介意被白8当头打，于9位拆一，心态相当好。

第 29 题

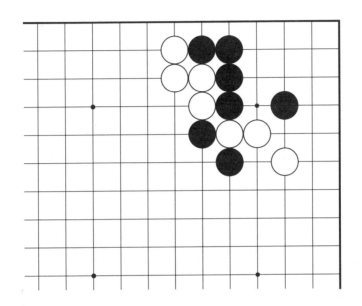

问题图（分而攻之）

黑已经将白分成左右两块，分而攻之完成了前面一半。

黑先，请摆正位置，完成分而攻之的后面一半。

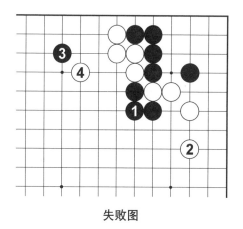

失败图

失败图（位置不正）

黑1粘先补强自己，以为进攻左右成见合。但白2先补弱小的右边，看准了对左边白，黑只是对攻而已，白不惧。

问题出在黑1，没有摆正位置。

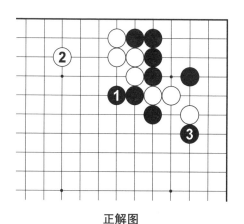

正解图

正解图（不偏不倚）

黑1长摆正了位置，对两边不偏不倚。

白2优先照顾更重要的左边，至于右边被黑3靠住，只有伺机而动。

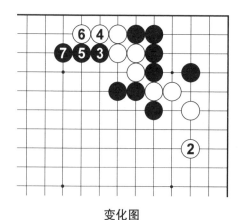

变化图

变化图（七子沿边活也输）

白2如果补右边，左边会遭到黑3严厉之靠。

白4以下执意逃跑，七子沿边活也输，一出悲剧正上演。

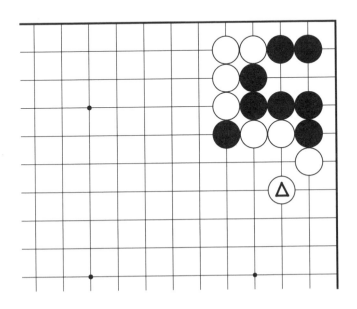

问题图（转化）

白△子虎补不是正形，给了黑施展手筋的机会。

黑先，如何将理论机会转化为实际收获呢?

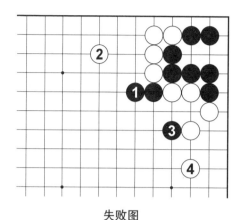

失败图

失败图（不得其时）

黑1单长，错失良机，白2在同一方向随之拆边生根。黑3再靠已不得其时，白4拆一再安定右边。

对两边白没有打击手段，黑中间几子成为无根的浮棋。

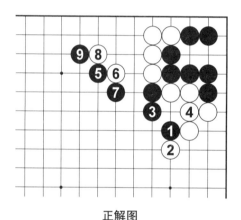

正解图

正解图（此时此地）

黑1单靠，此时此地恰到好处。得到黑3长的先手，黑5就可以抢先攻击左边白子。

无论白如何腾挪，黑心情轻松，反正自己是没问题了。

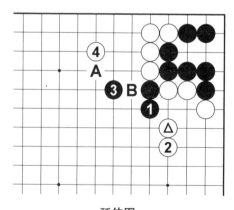

延伸图

延伸图（同理）

问题图中的白△子虎，应如本图跳四路，白2并补在四路同理。

白把重心在于中央的攻防，使得黑3下A位已不成立，否则白可B位扳出。

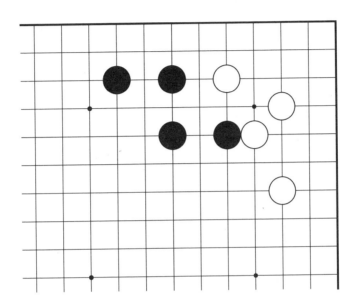

问题图（有想法）

黑先，因外围棋形相当工整，故对白角还是有点想法。

是追求赫赫战功，还是寻求些许便宜，那就要看全局情况而定。

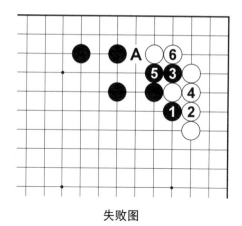

失败图

失败图（联棋）

假设是一局联棋，高手弈出黑1扳以试应手，白2挡不甘退缩；低手下出黑3打，手法简单粗暴，至白6挡，黑连A位顶都不是先手。

两人思路不在一个频道，导致前后矛盾，这就是联棋的笑点。

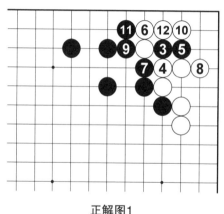

正解图1

正解图1（连贯）

如果不是下联棋，高手会下黑3靠入的连贯手段，白4团最强，黑7稳妥，能得到9和11位两处先手，可以满意。

留一个思考题——白10为何不下11位拐便宜目数呢？

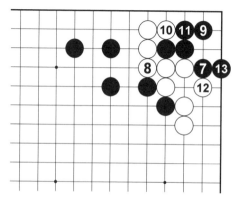

正解图2

正解图2（统筹全局）

黑7扳是激烈的手段，白8并无其他选择。至黑13立做活，黑目数大得便宜，但外围变薄，而且落了后手。

以上两图如何选择，非得统筹全局方可得出结论。

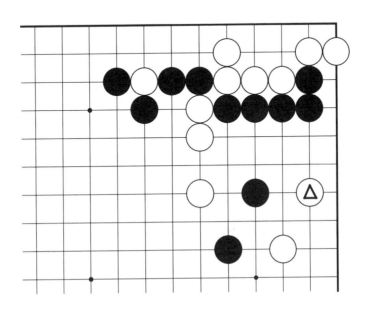

问题图（烟消云散）

白△子二路飞搜根，除了根据地，黑还得为如何联络完整而烦恼。

黑先，索性来一着狠的，让烦恼烟消云散。

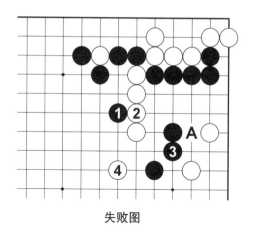

失败图

失败图（殚精竭虑）

黑1刺先手便宜，接着3位并补，宁可棋形难看，也不在A位顶凑白行棋。

局部虽是殚精竭虑，但被白4镇争得正面，总归是黑作战不利。

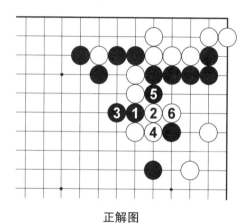

正解图

正解图（猝不及防）

黑1挖，令白猝不及防。沉思良久，白2还是选择内打。

至白6拐形成转换，黑摆脱了被攻的不利局面，可谓成功。

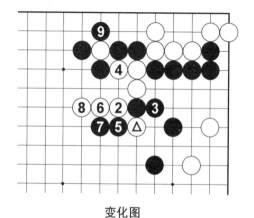

变化图

变化图（被告）

白不甘心攻击目标消失，选择于2位外打，并不惜使出白4愚形挤这种怪招。

但进行至黑9提，因白△子无法出动，倒是白自己成了被告。

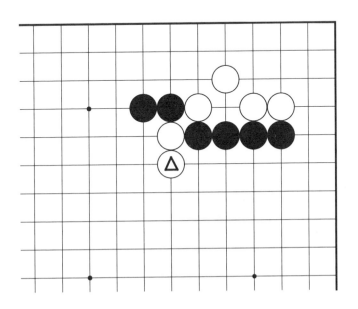

问题图（逆袭）

白不顾角部立足未稳，抢先下白△子长出攻黑。

黑先，拆边安定自己非勇者所为，逆袭白角势在必行。

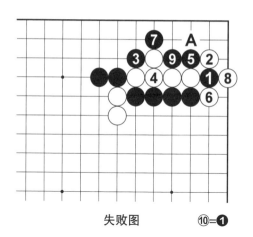

失败图　　　　⑩=❶

失败图（破颜一笑）

黑1、黑3从两边轮番进攻，本意是做滚打。白6断打，胜于下A位叫吃。

至白10粘，白正为自己成愚形而难过，但看到破破烂烂、到处是断点的黑裂形，不禁破颜一笑。

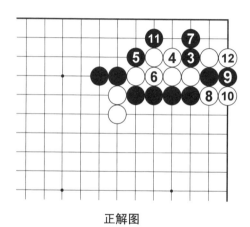

正解图

正解图（保留，决断）

保留两边的先手叫吃，黑3单断巧妙。白4做出选择，不肯被吃通，黑5随之做出决断。

对白8断打，黑9立做大头鬼是当然的一手，进行至白12提……

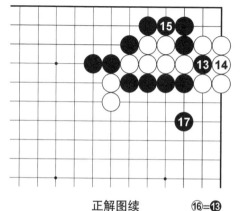

正解图续　　　⑯=❸

正解图续（筋疲力尽）

黑13扑、黑15叫吃，将白打成一团，是大头鬼下法的继续。

黑17再跳，白已经被折磨得筋疲力尽，只想投子认负求解脱。

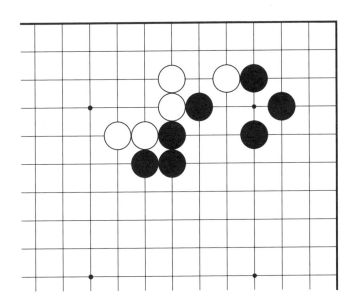

问题图（呼唤）

白边上有个明显的急所，在呼唤着黑。

黑先，不用犹豫，该出手时就出手。

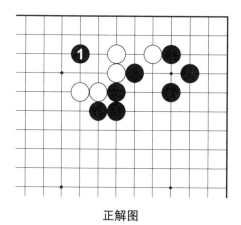

正解图

正解图（孤军深入）

黑1点方，直击白要害。

一手一图，以表彰其孤军深入而毫不胆怯。

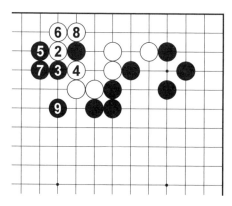

正解图续

正解图续（不拘泥）

白2靠反击，期待黑二路扳行于低位。

黑3扳思路灵活，不拘泥于点方之子，以弃子换来黑9枷封。

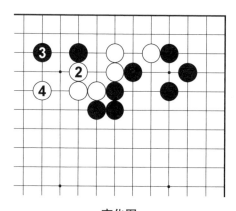

变化图

变化图（场合下法）

白2如顶，黑3跳出，追究白无根，白4也跟着跳，走畅自己。

这是白无法容忍被封锁，而采取的场合下法，局部黑肯定得分。

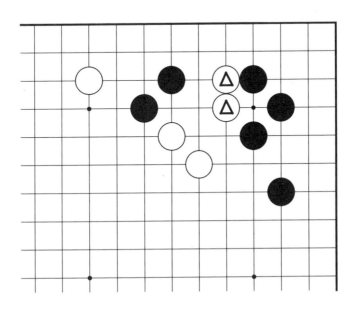

问题图（天方夜谭）

黑先，如果现在说白△两子会被吃下，天方夜谭般不可思议。

这是在黑连番冲击下，白不甘心单方面逃跑，奋起反击的转换结果。

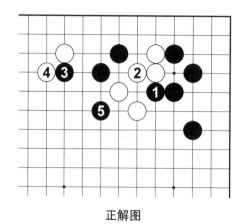

正解图

正解图（超炫）

黑1冲，迫使白2曲成愚形三角，先愉快一下。

接着黑3压，借着白4扳，黑5转于跳，正击白形之腰眼，超炫的步伐！

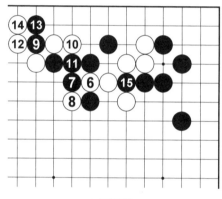

正解图续1

正解图续1（逼上梁山）

白6、8冲断反击，是被逼上梁山。黑9断，弃子借劲。

至黑15挤，白尾巴被割下已无法避免。

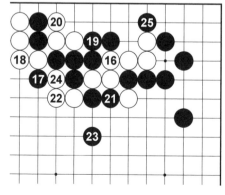

正解图续2

正解图续2（剧终）

白16粘，是不肯被一手吃干净。交换几手后，黑21断可以成立。

至黑25扳剧终，请各位细细品味。

第 36 题

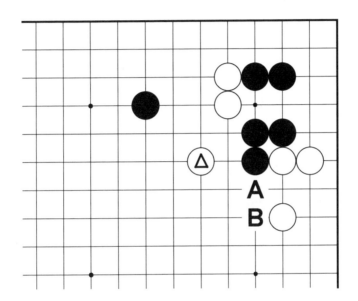

问题图（督促）

白△子飞起，督促黑角出头。

黑先，犹豫于A位长和B位靠，那就听听白的意见。

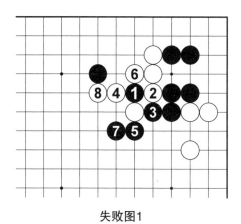

失败图1

失败图1（有劲，没劲）

黑1跨，是弃子整形的手法，此时并不适用。

黑7长，自身还留有断点；白8压出头有劲，反显黑没劲。

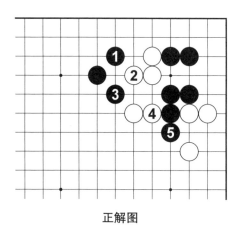

正解图

正解图（超赞）

黑1尖，搜根加破形，反过来督促白补断。白以双的好形出头，不能掩盖白2空三角的恶形。

在白即将完美封锁之际，黑5挺出，超赞的感觉！

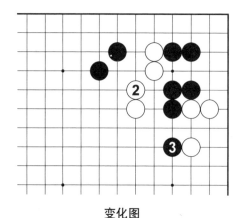

变化图

变化图（不能掩盖）

白2忍耐，不给黑借劲，但并不能掩盖其呆并的恶形。

黑3压出头，典型的压强不压弱，步调流畅不变。

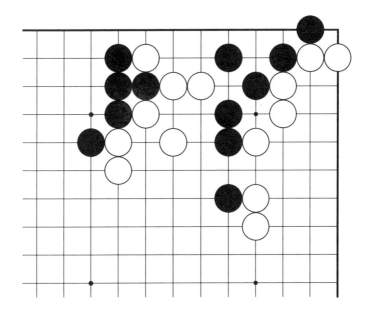

问题图（舞步）

黑先，焦点在中间的黑白各一队子，如何找到攻守要点？

不在意对方随时有刺和挖的手段，黑照样可以跳起优美的舞步。

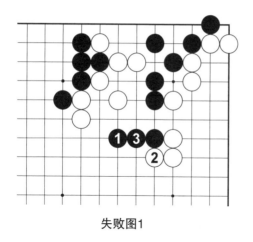

失败图1

失败图1（现出原形）

黑1曲镇，号称攻守兼备。白2拐亮出照妖镜，让黑现出原形。

黑3除了接，别无他法，黑1、3成为呆并的恶形，效率低下。

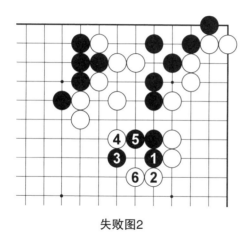

失败图2

失败图2（无法成形）

黑1压，倒是符合压强不压弱的格言。白2扳，黑3跳正常进行。

接下来，白4靠、白6长的次序精妙，黑还是无法成形。

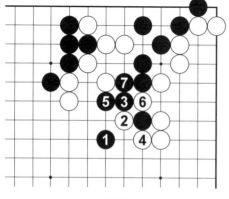

正解图

正解图（借力打力）

黑1探戈舞步潇洒，即所谓"两子成形斜飞利"，白拐则黑退，形状正好。

白2夹企图破形，黑3以下轻松躲过，并借力打力，顺带破坏了中间白子的形状。

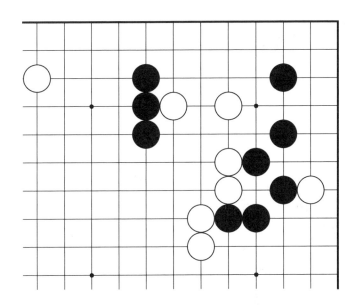

问题图（线索）

　　黑先，黑边上三子无根，现在正有机会和角上取得联络。

　　黑有心情先对右侧白子进行骚扰，不仅是为联络创造条件，更是在外围留点线索，以为后图。

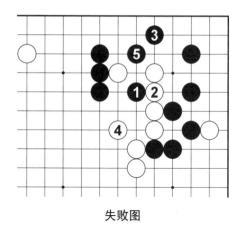

失败图

失败图（自圆其说）

黑1先点，黑3再渡，就次序而言倒是可以自圆其说。

白4虎后形厚，黑以后很难对白有所想法，有所遗憾。

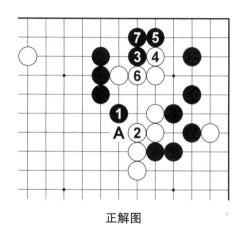

正解图

正解图（难兄难弟）

黑1选点刁钻，欺负白2只能粘而不能于A位虎。黑3跳渡堂堂正正，并期待着对外围白的反攻。

白6只能粘，痛感白2的无奈，难兄难弟也。

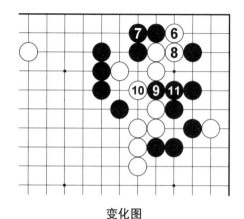

变化图

变化图（一意孤行）

白6扳断无理，黑7先粘，给白回头机会，无奈白8一意孤行。

黑9一挖两断点，白顷刻崩溃。

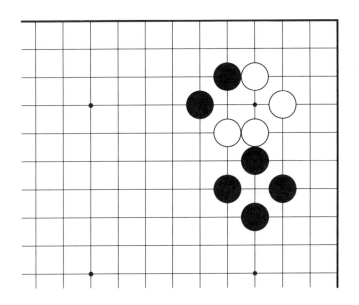

问题图（搜刮）

白角虽无死活问题，但就此放置不管，显得黑无能。

黑先，就把本题视为官子题，展示对白角的搜刮手段。

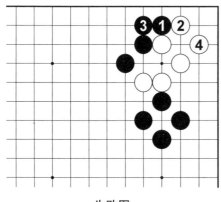

失败图

失败图（损目）

黑1、3二路扳粘，只是普通的官子手段，并无出奇之处，没能体现搜刮之凌厉。

除非上边价值特别大，否则如此操作损目。

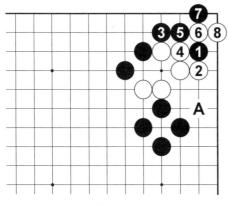

梦想图

梦想图（惊慌失措）

黑1点直入肺腑，瞄着两边的爬和扳。白2挡，惊慌失措之举。

黑3以下先手便宜愉快，并瞄着A位尖的后续手段。

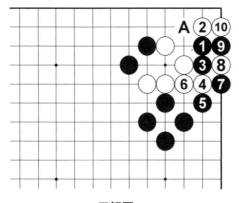

正解图

正解图（收放自如）

白2靠防守到位，算准了黑A位扳并不成立。而白6粘该忍就忍，收放自如。

至白10挡局部定型完毕，输攻墨守各显神通。

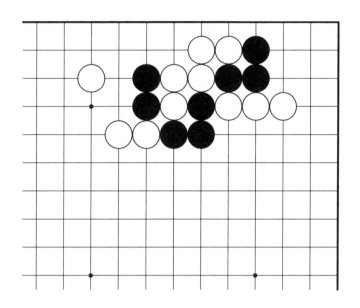

问题图（短兵相接）

黑先，短兵相接的紧迫局面，一步也不能放松。

此时，万般皆下品，唯有计算高，似是而非的感觉会害了自己。

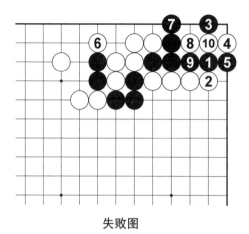

失败图

失败图（松缓）

黑1跳松缓，对白压力不够。白2单挡是关键，于9位冲则成劫。

白6扳补后，黑角最多只是个断头曲四，黑大败。

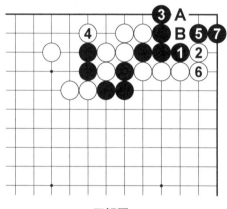

正解图

正解图（节奏）

黑1愚形贴紧凑，白2扳是被带进了节奏。黑3立妙手，白4回补正常，黑7立得以做活。

白4如下A位靠，会被眼杀；若于B位挤，则成对自己不利的两手劫。

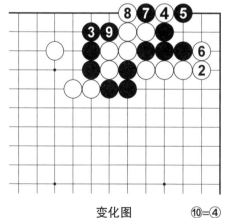

变化图　⑩=④

变化图（最强音）

白2立放慢节奏，并非束手待毙。

黑3立时，白4扳奏出最强音，局部成双方都很重的劫争。

阿尔法围棋是如何思考的？

（日）河野临（日）小松英树（日）一力辽 著

　　　　　　　　　　　　　苏　胜　译

书号：ISBN 978-7-5591-1467-9

定价：58.00元

· 本书选取阿尔法围棋带有强大冲击力的精彩手段，展现具体的应对方法。
· 回答问题的是被誉为最努力棋手的河野临九段和才气逼人的棋手一力辽八段。
· 由小松英树九段作为出题者和其他两位棋手共同研讨和讲解。
· 本书将以往的常规下法进行详细介绍，力图加深对阿尔法围棋的理解。

围棋手筋宝典

（日）石田芳夫　著

　　　　马旭赫　译

书号：ISBN 978-7-5591-1468-6

定价：48.00元

· 本书收录了实战中常见的手筋形、手段形等共668图。
· 依据棋子构成形状和主要部分所占路数区分主要棋形。
· 各个棋形配有相应的相似图、参考图或次序图。
· 参照图中配有类似棋形或双方对同一手筋的不同下法，以供参考。

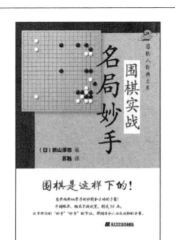

围棋实战名局妙手

（日）鹤山淳志　著

　　　　苏　胜　译

书号：ISBN 978-7-5591-1781-6

定价：48.00元

· 本书中以序盘和中盘为中心，选取了职业棋手对局中比较精彩的38个片段，简化读者的打谱时间。
· 每道题目都设置了ABC三个选项，对每一个选项的实战变化做了深入分析，附录了问题图之前的对局次序图。

林海峰围棋死活快速提高200题：基础力

（日）林海峰　著
　　　　马旭赫　译

出版日期：2022年2月
书　　　号：ISBN 978-7-5591-2422-7
定　　　价：50.00元

林海峰围棋死活快速提高200题：必杀力

（日）林海峰　著
　　　　母东让　胡丹蔚　译

出版日期：2022年2月
书　　　号：ISBN 978-7-5591-2421-0
定　　　价：50.00元

林海峰围棋死活快速提高200题：逆转力

（日）林海峰　著
　　　　苏　甦　译

出版日期：2022年2月
书　　　号：ISBN 978-7-5591-2420-3
定　　　价：50.00元